Hänschen

und die

kleinen Tiere

Für alle,
die kleine Tiere lieb haben.

Hans-Dieter Langer

Hänschen
und die
kleinen Tiere

*Bibliografische Information der Deutschen Natio-
nalbibliothek:*

*Die Deutsche Nationalbibliothek verzeichnet diese
Publikation in der Deutschen Nationalbibliografie;
detaillierte bibliografische Daten sind im Internet
über http://dnb.dnb.de abrufbar.*

Illustration: Dr. Hans-Dieter Langer

*Herstellung und Verlag: BoD – Books on De-
mand, Norderstedt*

ISBN: 978-3-7357-3998-8

Inhaltsverzeichnis

Prolog

𝕰𝖘 𝖜𝖆𝖗 in Hänschens Schicksalsjahr 1950 in
Schlesien. Ein letztes Mal saß das Kind auf dem
Hügel, dort wo in guter Deckung unterhalb seines
Geburtshauses seit jeher sein Lieblingsplatz war.
Der Junge schaute in Richtung des benachbarten
Strehlen. Noch vor wenigen Jahren konnte man
die hohen Türme zählen und wurde so an das
pulsierende Leben der einzigen Stadt erinnert, die
Hänschen bisher kennen lernte.

Immerhin, diese Kleinstadt mit ihren Landkreisdör-
fern schaut auf eine für ganz Europa bedeutsame
und Jahrhunderte lange Geschichte zurück, was
dem Kind damals natürlich nicht bewusst war.

Na ja, genau genommen war es auch einmal in
der niederschlesischen Landeshauptstadt Breslau

gewesen, und zwar im Zoo. Dort beeindruckten

die Faultiere derart, dass von der Großstadt freilich nichts sonst in der Erinnerung haften blieb. In
Strehlen taten es ihm die Rathausgewölbe an, in
denen man - hinter Gittern - bunte Vögel beobachten konnte. Mama hatte stets große Mühe, den
Jungen von dort weg zu bekommen.

Heute wusste Hänschen: Jetzt lagen das Rathaus
mit einem der einst höchsten Türme Schlesiens
sowie weite Teile der Innenstadt in Trümmern.

... *das*
Rathaus

in
Trümmern.

Was Hänschen damals wiederum nicht wusste, war die Tatsache, dass der Rathausturm und weitere markante Bauwerke von den deutschen Soldaten gesprengt worden sind, um sie nicht als hohe Beobachtungsstellen in die Hände der Roten Armee fallen zu lassen.

Doch der tagelange Feuersturm und die wochenlangen Explosionsdämpfe infolge der russischen Eroberung der Stadt verwehten ja letztlich sogar alle ehemaligen Einwohner von Stadt und Landkreis Strehlen in alle Welt. Viele deutsche Dorfbewohner mussten ihr Schlesien schon daher längst verlassen. Schuld an allem Elend war eine mörderische Idee, die sich in deutschen Köpfen einst breit gemacht hatte, doch auch davon im kindlichen Kopf: Keine Ahnung!

Aber nun war Hänschen selber dran.

11

Es dachte daher vielmehr an Schadensbegren-
zung und sinnierte: *„Nehme ich die Kogge oder
die Briefmarken mit?"* Das stolze Segelschiff hatte
einst der Papa gebaut, den der nun schon neunjährige Bube freilich noch nicht einmal bewusst
kennen gelernt hatte. Mama meinte aber immer:
„Der Papa kommt wieder!" Gestern sagte sie jedoch auch, dass man nichts Sperriges mitnehmen
sollte und sich nur für Eines zu entscheiden habe.
*„Also werde ich wohl mein Briefmarken-Album
einpacken, wenn wir Schlesien jetzt verlassen
müssen.",* dachte das neunjährige Kind und legte
sich auf den Rücken.

Da entdeckte es die flauschige Wolkengruppe am
Himmel und begann, Schäfchenwolken zu zählen:
„Jeden, dva, tři, čtyři, …". Ach ja, das war doch
tschechisch, also noch einmal: *„Jeden, dwa, trzy,
cztery"*, nein, nein, nein, polnisch gleich gar nicht!

Nun aber zu deutsch: „*Eins, … z…wei, … …*
d…rei, … … … v…ier, …" Hänschen irrte und
stockte auch in Gedanken, und das ausgerechnet
in seiner Muttersprache, im neunten Lebensjahr!

Hänschen besann sich schließlich, dass es doch
nun wieder Deutsch lernen musste, denn morgen
ging es in der Frühe mit dem Pferdewagen zum
Bahnhof nach Strehlen und von dort mit dem Zug
nach Breslau. Der alte Tscherny erzählte zudem,
dass man später über die Oder nach Deutschland
käme und dann nie wieder zurück nach Schlesien.
Deshalb hatte sich dieser Familienvater mit den

eins

dva

vier

cztery

trzy

zwei

jeden

čtyři

dwa

trzy

drei

Seinen entschlossen, daheim in Schlesien zu bleiben und dafür Pole zu werden. Die polnische Devise für die wenigen, bis dahin in Hussinetz/Gesiniec verbliebenen Deutschen lautete ja seit Juni 1950, nachdem die DDR gegenüber der Volksrepublik Polen die Oder-Neiße-Grenze anerkannt hatte: *„Entweder Ihr nehmt jetzt die polnische Staatsbürgerschaft an, oder … raus!"*

Mama, die immer noch im Haus die Stellung hielt und auf Papa wartete, bat ihre beiden Jungen um Rat: *„Bleiben wir hier und werden Polen oder lassen wir uns vertreiben?"* Es ist erstaunlich, selbst Hänschen wollte unbedingt als Deutscher nach Deutschland und, klar, wie es sich später heraus stellte, … zu Papa.

Damit waren die Würfel gefallen, und der Abend schob die wenige, verbliebene Zeit schnell vor sich her. Inzwischen verbarg sich die Sonne furios hinter dem Zobten-Vulkan, der jenseits von Strehlen schon immer und immer aufs Neue die Phantasie des Kleinen anregte.

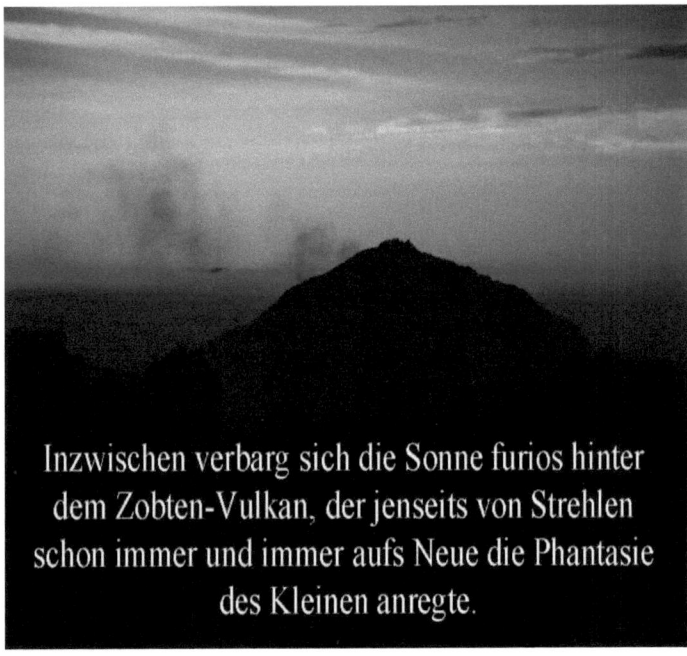

Inzwischen verbarg sich die Sonne furios hinter dem Zobten-Vulkan, der jenseits von Strehlen schon immer und immer aufs Neue die Phantasie des Kleinen anregte.

Da waren sie wieder, die Geister der kleinen Tiere, die sich so erbarmungslos in die Erinnerung zurück brachten!

Wie ist das doch, damals gewesen?

Tja, eines Tages trat das kleine Kätzchen Minka in das Leben von Hänschen. Ach, war die doch so possierlich und anhänglich! Man konnte mit ihr jederzeit schmusen oder auf dem Sofa endlos Katze und Maus mit ihr spielen. Ihr Schnurren wurde zu einem steten Begleiter, wenn sich beide in der warmen Stube aufhielten.

Den Jungen schon immer und das Kätzchen Minka gar bald zog es jedoch hinaus in die weite Welt. Dort gab es dann kaum noch Gemeinsamkeiten. Während Hänschen Abenteuer suchte, fand die Katze den angeborenen Gefallen am Mäusefangen. Die Mäuse gab es im Dorf immer und überall, doch konnten sie sich nach den

Plötzlich

bekamen

die Schäfchen…
einer letzten

Wolkengruppe

Gesichter.

Kriegswirren stark vermehren, zumal im Minenfeld, das die deutsche Wehrmacht quer durch das
Dorf errichtet hatte. Das Steinarbeiter-Haus, in
dem Hänschen geboren worden ist, wurde so seinerzeit zur vorgeschobenen Bastion … übrigens
auf russischer Seite der Hauptkampflinie, während
sich also in südlicher Richtung und unmittelbar
davor eine minenverseuchte Felder- und Wiesen-
landschaft ausbreitete.

Die Dorfbewohner - Kinder, Frauen und Alte - hatten daher nach dem Krieg erst einmal viel zu tun, um die vergrabenen Todesfallen zu beseitigen. Und so manches der Kinder - aber auch der großen Tiere wie Kühe und Pferde, die vereinzelt später wieder vorkamen - bezahlten diese jahrelange Unfreiheit noch mit ihrem Leben oder mit ihrer Gesundheit.

Umso mehr genossen somit die Mäuse ihre grenzenlose Freiheit, und Minka schwärmte täglich aus, denn sie hatte alle Pfoten voll zu tun. Insbesondere tilgte sie fleißig beim benachbarten Bauer die Schädlinge, allerdings nur so lange, bis der sie unabsichtlich vergiftete. Hänschens liebstes Tier war nämlich trotz allem der klassischen Landwirtschaftsplage nicht Herr geworden, so dass der Bauer eines Tages zum Mäusegift greifen musste. Leider lernte Minka nicht schnell genug, gesunde von noch lebenden, vergifteten Mäusen zu unterscheiden. Sie verendete mitten in ihrem Jagdrevier.

Dabei hatten Hänschen und die Seinen - noch kein kommendes Unheil ahnend - kurz zuvor die Chance vertan, Minkas eines Tages auf dem Dachboden präsentierten Nachwuchs aufzupäppeln und damit ihre liebenswerte Art wenigstens in genetischer Kopie zu erhalten. Allein der Gedanke an den Winter und die zu dieser Zeit allgemeine Nahrungsnot bedeutete dem gegenüber sofort für den gesamten Katzenwurf das Todesurteil. Ausgerechnet Hänschen übernahm die Rolle des Henkers: Ein Sack, ein Stein und der Rest hinein, so geschehen in einem ehrenwerten Granitsteinbruch zu Hussinetz.

Diese frühe Missetat zog sich wie ein Fluch durch

... *alle Pfoten voll*
    zu tun

das Verhältnis zu den kleinen Tieren während des kurzen Aufenthalts von Hänschen in seiner schlesischen Heimat. Es entfaltete sich im Grunde eine völlig verdorbene Beziehung zu den anderen kleinen Wesen in seinem und in deren Lebensraum. Über allem steht freilich die Schuld des unsäglichen Krieges, denn Hänschen war ein Kind.

Ein Sack,
  ein Stein und

der Rest hinein, …

Bei anderen Vorzeichen hätte der Junge gewiss in der direkten Konfrontation auch jene geheimnisvolle Liebe zur tierischen Kreatur entwickelt, die nun einmal in den kindlichen Zellen steckt.

Es musste aber an erster Stelle der Hunger besiegt werden. Einige andere hoffnungsvolle Ansätze scheiterten zudem wie Minka. Weitere Ereignisse kamen zufällig daher, aber immer ging es um die kleinen Tiere. Ihnen und ihren Geistern soll daher an dieser Stelle ein Denkmal errichtet werden.

Hänschen versank
in einen tiefen Traum
… und der handelte …
von den kleinen Tieren.

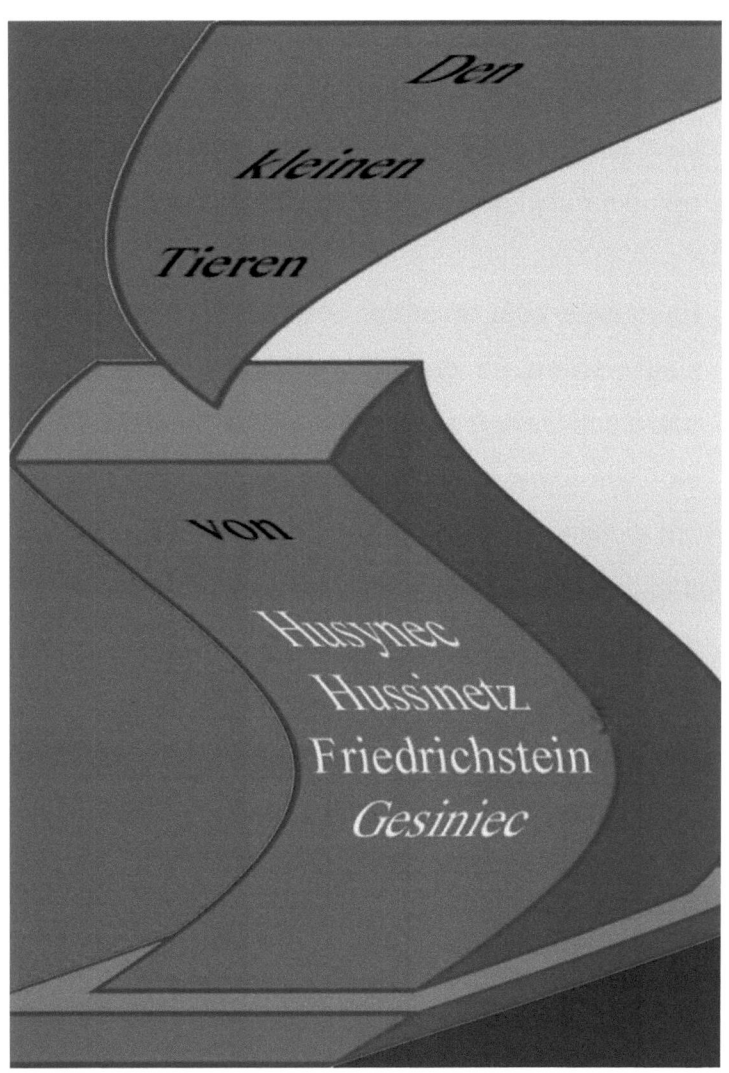

Den
kleinen
Tieren

von

Husynec
Hussinetz
Friedrichstein
Gesiniec

Im Zeichen der Fische

Der Fisch

im Brunnen

Geburtsdatum fällt astrologisch ins Zeichen der Fische. Deshalb beginnt die Erzählung mit dieser Tierkategorie, zumal diese das Kind seinerzeit besonders beschäftigt hat.

Fische gehören bekanntlich ins Wasser. Im Trinkwasser haben sie dagegen nichts zu suchen. Seit Menschengedenken holten aber die Vorfahren und auch Hänschen selbst noch dieses Wasser aus einem Brunnen, den andere Familien ebenfalls benutzten. Die gefasste Quelle befindet sich unterhalb von Witwar´s Bauerngut, etwa hundert Meter vom Elternhaus entfernt.

Doch Hänschen hütete in diesem Zusammenhang
ein Geheimnis: Es hatte einst im klaren Brunnen-
wasser einen kleinen Fisch beobachtet. Beim ge-
wöhnlichen Wasserschöpfen tauchte der selbstverständlich ab, doch man konnte sich heimlich
heran schleichen. Dies wurde niemandem nicht
verraten, denn sonst wäre der Fisch in Lebensgefahr geraten.

Diese Überlegung bewog also das Hänschen zum
Stillschweigen. Der Junge war oft allein unterwegs

in Wiesen und Ruinenlandschaften obgleich er in der ersten Zeit nach dem Krieg - wie alle anderen Dorfbewohner, und zwar unabhängig ob Pole oder Deutscher - ständig in höchster Lebensgefahr schwebte. Mitten durch das Dorf ging nämlich ein Minenfeld, das in den letzten Kriegsmonaten von der Deutschen Wehrmacht angelegt worden ist, um die Rote Armee aufzuhalten. Dies hat sogar bis zum Ende des Krieges funktioniert, so dass Hussinetz bis zuletzt die östlichste Bastion Deutschlands war, nachdem sich die Festung Breslau am 6. Mai 1945 doch noch den Russen ergab. Allerdings hat keine der Parteien die Minen wieder aus dem Boden geholt hat. Im Gegenteil, alle Soldaten verschwanden bald wieder aus der Gegend und niemand im Dorf hatte eine Ahnung wo genau in einem 100 m breiten Wiesen- und Felderstreifen die etwa 1.000 Minen versteckt worden sind. Zudem lag im einst hart umkämpften

Gelände und in den Ruinen scharfe Munition herum, die schließlich erst einmal gefunden werden musste.

Schon als Vierjähriger hatte Hänschen bei der Minensuche daher auch zu helfen, um den eigenen Lebensraum so schnell wie möglich wieder sicher zu machen. Es gab doch gleich nach dem Krieg nur Frauen und Kinder, und alle wollten die Ernte retten, denn auf den Feldern wurde ja noch die Saat ausgebracht, bevor die Panzer kamen. Und der Hunger machte sich bereits heftig breit.

Es war eine überaus gefährliche Zeit, in der so manches Kind sein Leben lassen musste. Auch Hänschens bester Spielgefährte, ein polnischer Junge, wurde von einem Granatenblindgänger getötet. Um ein Haar wäre Hänschen - wie so oft - am gleichen Ort sein Spielgefährte gewesen. Am schlimmsten traf es drei kleine deutsche Kinder aus den Häusern gegenüber. Sie spielten mit einer Panzermine, die dann explodierte. Hänschen sah später traurig in den riesigen Trichter der überaus brisanten Tellermine. Man musste die Kinder in einem einzigen Sarg unterbringen, denn ihre zerfetzten Leiber waren nicht mehr zu identifizieren.

Auf Hänschen wurde sogar geschossen, denn es hatte eines Tages in der Wiese unterhalb des elterlichen Grundstückes ein Heu-Feuerchen entzündet, und das ohne sein Wissen genau auf einer noch scharfen Karabinermunition, die sich im Gras verbarg.

In der Hitze explodierte das Geschoss und die Kugel flog, wie aus einem Gewehrlauf abgefeuert, ganz nahe an Hänschens rechtem Ohr vorbei.

Auch hier entstand im Boden ein kleiner Krater. Dessen geschwärzter Inhalt verteilte sich in Hänschens Gesicht, das nun im wilden Gemisch mit viel Tränenwasser eher dem eines Indianer-Kriegers glich.

Den Fisch im Brunnen hat das Kind jedenfalls niemals verraten. Als es einst am Bienenschuppen eine Panzergranate ausgrub, hat Hänschen den Blindgänger auch nicht in den Brunnen geworfen, sondern nebenan in Witwar´s Teich rollen lassen. Zum Glück war die Granate im Krieg nicht in die Luft gegangen, denn dann hätte es nachher keinen Honig gegeben.

Der
Fisch

im Eis

nach dem Krieg verwahr-
loste Teich in Höhe der zerstörten Neuen Schule
hatte einen tiefen Schacht mit seitlicher Öffnung.
Weil er nun vernachlässigt wurde, gab es dort vor
der endgültigen Verlandung noch eine Zeit lang
Wasser und darin ... noch viele Fische. Man konnte von oben wie in einen belichteten Tiefbrunnen
hinein schauen. Manche der Fische waren für
Hänschens Maßstäbe sehr groß. Sie haben aber
leider alle die Verwachsung des Anwesens und
schließlich die nahezu totale Austrocknung des
Tümpels nicht überlebt bzw. so mancher dürfte im
Kochtopf gelandet sein. Doch zu seiner Zeit reg-
ten diese kleinen Tiere Hänschens Phantasie an,
und der Junge wollte einen lebenden Fisch haben.

Eines Tages bekam er einen geschenkt und dazu von Mama eine Kristallglasschale als Aquarium zugeteilt. Das Tier war so groß (oder das Glas so klein), dass es sich in seinem neuen Element kaum wenden konnte. Umso genauer durfte Hänschen es ungestört betrachten, wobei das gekrümmte Glas mit dem Wasser wie eine Linse wirkte. Bald wurde zudem ein bezauberndes Spiel der Farben in der „kristallenen" Hülle entdeckt. Der Fisch konnte also nichts dafür, dass er schon jetzt allmählich in Vergessenheit geriet. Dafür wurde der Zusammenhang mit dem Licht der Sonne schnell erkannt. Die entfachte Experimentierfreude entführte schließlich Schale, Fisch und Wasser ins Freie, zu Hänschens Spielplatz an der Mauerecke, in die Sonne!

Im Traum nachher meldete sich möglicherweise wieder der Fisch, denn Hänschen konnte das

Wiedersehen am nächsten Morgen kaum erwarten. O weh, der Fisch steckte jetzt im Eis! Es hatte sich in der Nacht Frost eingestellt, und das Wasser war durchgängig gefroren. Das arme Tier „stand" nun ausgerichtet exakt in der Mitte der länglichen Schale.

Da half kein Weinen. Der Junge ordnete zwar in seiner Verzweiflung ein Aufschmelzen auf dem Ofen an, doch es kam jede Hilfe zu spät.

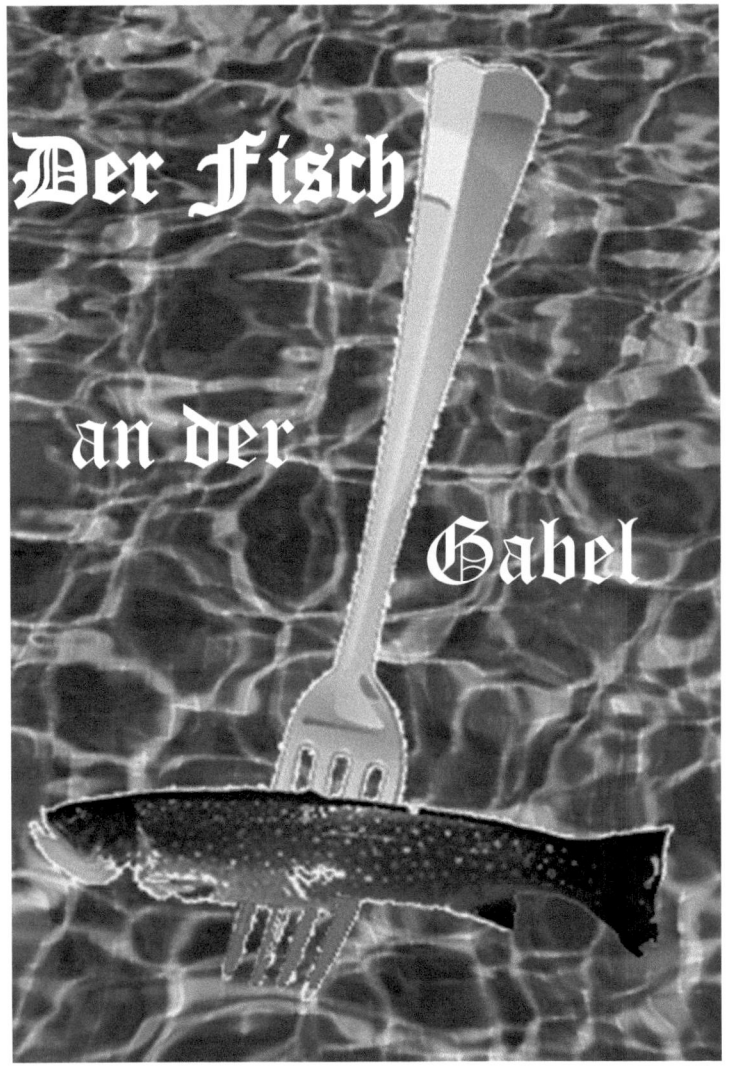

Der Fisch

an der

Gabel

 einer Art von Umkehrung der Schuldverhältnisse sah sich Hänschen später mit anderen Buben mit Spießen bewaffnet ... auf der Jagd nach Fischen in Bächen und Teichen.

Man befestigte eine Küchengabel mit Bindfaden an einem besonders langen Stock. Der Rest war Übungssache. So gelangte manche vom Blitz getroffene Zappelforelle in Mutters Bratpfanne. Leider waren die schmackhaften Fische bald ausgerottet, und die „*Lergen*" - so hießen in Schlesien kleine, gescholtene Jungs - schauten sich nach neuen Opfern um.

Krebsrot

im

kochenden

Wasser

 gab da in den umlie-
genden Gewässern tatsächlich noch eine andere
Beute für böse und zugleich mutige Buben, nämlich Krebse.

Hatte man einmal die Gepflogenheiten dieser unglücklichen Lebewesen begriffen, so ging es ihnen leicht an den Kragen. Sie hielten sich gern am Gewässerrand unter den Uferüberhängen auf. Streckte man dort die Finger aus, dann fühlten sie sich zu Recht angegriffen und schnappten mit ihren Scheren zu. Das spürte man heftig und zog ganz schnell die Hand aus dem Wasser, ha, da hing der Happen dran! Waren einige Stück im Eimer, zog sich der Jäger zum Mahl zurück. Das sah dann so aus, dass die unvorsichtigen Krabbeltiere gleich lebend in kochendes Wasser geworfen wurden, um sie „fachgerecht" zu garen. Trat die charakteristische rote Farbe ein, war das Werk vollendet. Das Essen konnte beginnen, indem man die Haut öffnete und das total weiße Fleisch verwertete. Eine wahre Delikatesse für Bengel, die immer Hunger hatten!

Und Hunger macht gnadenlos.

Die Praxis der Verarbeitung solcher Schalentiere in einschlägigen Küchen ist freilich auch heute noch gängig, doch der erwachsene Hans kann einfach nicht mehr an dieses Essen denken. Er würde diese Art der Zubereitung sogar verbieten!

Als Hecht an der Angel

Gelegentlich

nahm Hänschen sich schon die Freiheit, allein zum sogenannten Zwölfhäuserbruch - einem alten Steinbruch, der nun unter Wasser stand - zu gehen, der von zu Hause einen halben Kilometer entfernt lag. Unterwegs fand Hänschen einen kaputten Schirm, was bei ihm die fixe Idee auslöste, zu angeln. Der Junge ging noch einmal zurück, um Zwirnsfaden und eine Sicherheitsnadel zu besorgen. Vom Schirm konnte geschickt einer der Spannstäbe gelöst werden, der ja den kühnen Denkprozess erst auslöste. Er glich nämlich mit seiner Öse an der Spitze (für die Zwirn-Angelschnur) ebenso einer perfekten Angel, wie sich aus einer Sicherheitsnadel schnell ein echter Angelhaken biegen ließ. Nun fehlte nur noch ein Fisch-Köder, nachdem in Gedanken kein geringerer, denn ein Hecht als Jagdwild vereinbart worden war. Man hatte ja schon oft beim Angeln der Erwachsenen am alten Steinbruch zugeschaut.

Wie es der Zufall so will, schwamm in einer Ecke des Bruches im seichten Gewässer ein kleiner toter Fisch. Der wurde sofort an den „Haken" gespießt. Auch der ideale Angelplatz wurde knapp am angeblich 40 m-Unterwasser-Steilhang gefunden: Nun konnte es in der Hocke losgehen.

Es ging aber nichts los. Die Geduld eines kleinen Hänschens hat bekanntlich enge Grenzen, zumal der ungeübte Stillstand langsam lästig wurde. So war Hänschen wohl am Ende seiner Kraft als es plötzlich diesen groooßen Hecht gewahrte. Bei beiden spannten sich die Muskeln und Sinne bis zum Äußersten, so dass es fast zeitgleich zur Entlastung kam. Der Hecht schnellte vor und schnappte zu, während Hänschen die „Angel" nach oben riss und ... noch etwas anderes entzwei ging, nämlich der dünne, durchnässte Faden. Diesen groben Fehler hat Hänschen später nicht mehr gemacht. „Sein" Hecht wird dieses Manöver wohl auch nicht wiederholt haben, denn erstens war der Fischköder vermutlich verdorben und zweitens steckte da noch etwas Spitzes in seinem Frischfleisch. Er wird wohl elend gestorben sein, und sein Geist hat sich an Hänschen gerächt.

Denn die Zeit verging und es kam so: Wieder fand die Szene am Zwölfhäuserbruch statt. Diesmal war Hänschen anfangs nur aufmerksamer Zuschauer, denn ein erwachsener polnischer Angler faszinierte mit seiner Geschäftigkeit. Beim Profi ging es schließlich um kapitale Hechte, das war klar, denn an seiner langen Angelschnur hing ein blinkendes Blechteil und dieses wurde quer und flach durch einen möglichst großen Bruchteil der Wasserfläche gezogen. Dazu ließ der Pole den Köder vor Hänschens Standort ins Wasser fallen, um dann so schnell, wie es in dem Steinbruch-Gebirge allenfalls ging, eine größere Strecke rundum über die Felsklippen zu klettern und ein gutes Stück gegenüber ein etwa vier Meter über dem Wasser befindliche Steinpodest zu erreichen. Die Schnur sollte bei diesem Manöver möglichst spannungsfrei abrollen und später noch einen langen, flachen Lockweg im Wasser zulassen. Selbstverständlich schleppte der Angler beim Klettern indessen das Ende der Angelschnur - das zu dem auch noch immer tiefer sank - trotzdem ziemlich weit zu sich hin. So war es seiner großen Geschicklichkeit überlassen, durch schnelles Aufrol-

len - er drehte wie ein Wilder an der Kurbel - die vorschriftsmäßige geringe Tiefe des Blinkers zu erreichen, denn auch die feuchtschwere Angelschnur löste sich nur zögerlich von der Wasseroberfläche. So blieb dem Hecht zu wenig Zeit, den Köder überhaupt erst einmal wahrzunehmen. Immerhin, wenigstens in einem Fall zischte vor den Augen des verdutzten Hänschens ein kräftiges

Exemplar noch hinterher (und klatschte glücklich nur an die Felswand) als der falsche Fisch gerade vom Wasser abhob.

Nun wurde der Anglerpetri erst recht vom Ehrgeiz gepackt und suchte sein Heil ... ja, ausgerechnet bei Hänschen. Der Junge sollte sich am steilen Ufer in rund ein Meter Höhe über dem Wasser postieren und - rückwärtig zum Angler stehend - mit der rechten Hand die Leine etwa zwanzig Zentimeter über dem Köder fassen, während der polnische Zaubermeister jetzt gelassen rechts herum den halben Bruch umrunden konnte. Vereinbarungsgemäß war vom Hänschen auf ein Rufzeichen des Anglers hin die Schnur in Richtung Wasser zu werfen.

Beide, Hänschen und der Angler, nahmen sich leider keine Zeit zur Übung, sondern ließen es sogleich auf den ersten Versuch ankommen. Daher hing Hänschens Daumen schon am Haken, bevor des Anglers Ruf sein Ohr erreichte.

In diesem Moment war es allerdings noch wichtiger, dass Hänschens nicht vereinbarte infernalische Antwort schnell des Anglers Ohr erreichte und richtig interpretiert wurde, bevor sich die Angelschnur vollständig spannte. Sonst wäre Hänschen der Köder geworden! Wenigstens dieser zweite Abschnitt ist den beiden irgendwie gelungen.

Den dritten Teil der Operation hat Hänschen dagegen ziemlich schlecht in Erinnerung. Der Junge war nämlich zwischenzeitlich zu sich gekommen, so dass die Tränen den Steinbruch schier zum Überlaufen brachten. Es dauerte jedenfalls ewig, bis die erste Hilfe des Anglers ankam. So geriet

Hänschen mit ausgestreckter Hand und Haken im blutenden Daumen wieder in einen Schockzustand.

Dann ging es freilich ans Eingemachte, und das Kind wurde hellwach. Der Haken mit Widerhaken war nämlich wohl eher für Walfische ausgelegt, so schien es dem Hänschen zumindest, als es der Bescherung durch weiterhin reichlich Tränenwasser erst einmal richtig gewahr wurde. Der Angelfreund entpuppte sich dann allerdings als wirklicher Heilpetri, denn bevor Hänschen es richtig fassen konnte, hatte der die Hakenkollektion aus dessen Daumenfleisch scheinbar schmerzlos schon wieder heraus gezaubert. Seither ist Hänschen davon überzeugt, dass Fische an Haken von echten Petrijüngern nicht leiden müssen.

Die Erklärung für den Misserfolg der eigentlichen

Mission am Zwölfhäuserbruch zu Hussinetz hat Hans vielleicht erst durch sein Physikstudium gewonnen: Seilwellen pflanzen sich schneller fort als Schallwellen in der Luft.

Ein Salzhering

als Glücksbringer

Vorliebe von Häns-chens Mama für Salzheringe war ihm und seinem Bruder sehr wohl seit langem bekannt. Auch waren ihnen Geburtstage und Weihnachten stets willkommen, um Geschenke zu bekommen oder auch zu machen.

Gleich nach dem Krieg war jedoch an Salzheringe überhaupt nicht zu denken. Die vorangestellten Episoden belegen ja Hänschens heldenmütiges Bemühen, wenigstens an regionale Süßwasser-produkte dieser Spezies heran zu kommen. Ging es ums Essen, da hielt sich Mama jedoch aus verschiedenen Gründen immer weit zurück. Sie war schon glücklich, wenn die Kinder etwas zu beißen hatten, denn das sprichwörtliche Schlesische Himmelreich war wirklich weit, weit da droben, hinter den Wolken, verweht in jenen Pulverdämpfen.

Es dürften dann - wohl erst zu Weihnachten des

Jahres 1948 - polnische Hochseefischer gewesen sein, die es den beiden Söhnen möglich machten, extra Angespartes in einen Salzhering zu verwandeln, um ihrer lieben Mutter eine der schönsten Weihnachtsstunden zu bereiten. Sie genossen das - und vor allem die Vorfreude - voller Stolz. So kam der Salzhering auf Mamas Gabentisch.

Vom Schicksal von Hänschens kleinen Vierbei- nern

Die

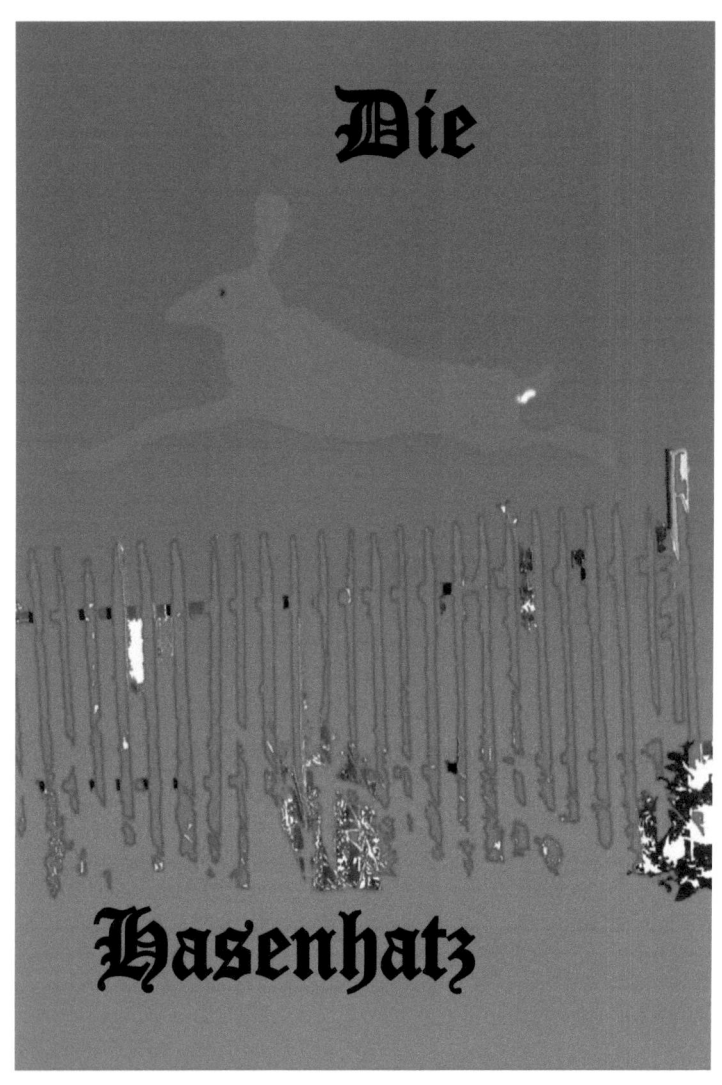

Hasenhatz

den dunklen Schwaden der Erinnerung taucht keiner der kleineren Vierbeiner während Hänschens Evakuierung vor den Russen auf, obgleich sie ihm doch ganz bestimmt auch in dieser Zeit und in der dörflichen Umgebung des Glatzer Berglandes, wohin sich die Strehlener und Hussinetzer vor der Front zurück gezogen hatten, irgendwie über den Weg gelaufen sein müssen. Doch in seinem Heimatort mit dem in seiner Geschichte so oft und in vielen Sprachen gewechselten Dorfnamen hat es sie selbstverständlich alle gegeben, die Hunde, Katzen, Karnickel, Hühner, Gänse, Tauben und so.

Auch gab es einen Bestand wilder Tiere, der für das Hänschen zwar lange unzugänglich blieb, doch der riesige Wald der Strehlener Berge begann unweit auf dem Ziegenberg, und ein ausgesprochen typisches Charakteristikum sind ja gerade die großen Wiesen-, Feld- und Waldflächen innerhalb der Dorflage.

Nach dem Wiedereinzug im Heimatdorf und dem

Zuzug der Polen wurden freilich alle diese armen Viecher schnell nicht nur dezimiert, sondern - wie die Fische und Krebse - völlig ausgerottet. Sie wurden ganz einfach aufgegessen. Hänschen schwört allerdings, dass er keinen Hund und keine Katze verspeist hat, was jedoch in den ersten Nachkriegsjahren nicht für die gesamte europäische Dorfgemeinschaft zutraf.

Trotzdem drängten die erwähnten und weitere solcher vierbeiniger, aber auch beflügelte Wesen, bald wieder ins Bewusstsein zurück. Insbesondere taten dies gewisse wilde Tiere, die naturgemäß schwer zu fangen waren. Man hat ja keine Ahnung, inwieweit der Gebrauch von Schusswaffen verboten war oder ob hier im ehemaligen böhmischen Husynec, im später preußischen Hussinetz, im dann kurzzeitig deutschen Friedrichstein oder jetzt im polnischen Gesiniec, eine lokal-internationale Übereinkunft herrschte, weil jeder im Ort inzwischen Explosionen hasste wie die Pest. Das war nämlich durchaus nicht überall der Fall. Ab dem Jahr 1950, da Hänschen nach der Vertreibung im sächsischen Weinböhla landete, konnte es zum Beispiel noch die entsprechende Praxis der Russen aus der Meißner Garnison beobachten: Die ballerten in der Aue vor des Jungen verdutzten Augen und Ohren mit Maschinenpistolen auf die wenigen verbliebenen Hasen.

Auch im Nachkriegs-Gesiniec gab es Jahre zuvor wieder Feldhasen. Doch nun greife man mal diese Schnellfüßer mit bloßen Händen! Und trotzdem, unglaublich, Hänschen hat dieses spektakuläre Unterfangen zumindest im Ansatz beobachtet, nämlich wie ein Mann genau dies versuchte.

Es war ein Tag wie viele, und Hänschen strebte

dösend zwischen verschiedenen Grundstücken im Ortsteil Aue von Hussinetz der Stadt Strehlen zu. Vielleicht wollte der Junge zum Friseur in der Altstadt. Links und rechts zogen sich Gärten mit Zäunen aus deutscher Zeit dahin. Plötzlich stürmte ein Hase im Garten rechter Hand direkt auf Hänschen zu. Wetten, der sah freilich weder das Hänschen, noch - oder gleich gar nicht - den Staketenzaun. Wenige Meter dahinter spurtete nämlich ein Pole, und der hatte es direkt auf den Meister Lampe abgesehen!!! Das zutiefst fremdartige Duo fesselte das Hänschen derart, dass seine Beine schlagartig erstarrten. So konnten die beiden Läufer einen sonst notwendigen horizontalen Haken um Hänschen herum gerade mal noch vermeiden und spektakulär geradeaus vorbei düsen. Umso entscheidender wurden demgegenüber zwei unvermeidlich aufeinander folgende vertikale Sprünge, weil ja die Richtung beibehalten wurde.

Der Haase entdeckte das Hindernis wohl erst in letzter Sekunde, doch musste er schon wegen der Trägheit linientreu bleiben. Seine beiden Kolossalsätze überstiegen dann eindeutig Hänschens Vorstellungsvermögen und haben sich gerade deshalb tief in dessen Gehirn gebrannt.

Auch die weitere Abfolge der sagenhaften Ereignisse ist nicht vergessen, denn der Pole landete nach seinem ersten Sprung in dem Augenblick auf der Straße als der Hase bei seinem zweiten gerade den Flugscheitel über dem nächsten Zaun passierte. Die Breite des Weges betrug, nachträglich geschätzt, höchstens vier bis fünf Meter, so dass man sich nachweislich im wahrsten Sinne des Wortes auf den Fersen war. Wie das Rennen ausging, weiß man freilich nicht, denn Hänschen stand noch lange mit offenem Mund da und schaute in die Richtung, in der dieser Spuk schließlich zwischen den Bäumen verschwand.

Als Hase zwi- schen zwei Hunden

 anderer Pole
entdeckte eine ungleich effektivere Methode. Er
schaffte sich zwei Hunde an und richtete sie zur
kollektiven Hatz auf Feldhasen ab. Man konnte
ihn und seine zwei gelehrigen - und vor allem
hungrigen - Tiere öfters in den benachbarten Feld-
fluren am Windmühlenberg beobachten. (Auch die
charakteristische Windmühle ist ein Kriegsopfer
geworden.)

Hänschen beeindruckte die intelligente Taktik der
Hunde. Einer rannte hinterher, der andere fabri-
zierte im Gelände Bögen, um das Langohr in die
Zange zu nehmen. Trotzdem gingen die Häscher

73

regelmäßig leer aus und gaben es schließlich auf.

Das galt aber nicht für den Polen, der immer mal aufs Neue die Hunde aufhetzte. Immerhin gelang es diesen zunehmend besser, die seltenen Hasen überhaupt erst einmal aufzuspüren. Für Hänschen wurde das Zuschauen trotzdem langweilig. Man wünschte sich ganz einfach mehr Aktion. Der Junge brachte es schließlich fertig, beim Spielen nicht gleich die Ruinen in der Kauba-Reihe zu verlassen, wenn er drüben in den Feldern das vertraute Hundegebell hörte, um zuzuschauen.

An einem Durchschnittstag - die Hunde waren verschiedentlich zu hören - ging Hänschen einen lang gestreckten Pfad zwischen zwei Spielplätzen benachbarter Ruinen dahin. Links und rechts standen Gräser und Brennnesseln hoch und die

75

Sträucher dicht, denn die Natur gewann längst inmitten der zerstörten Siedlungsstätten wieder die Oberhand.

Plötzlich hörte man hinten ein Trommeln und Keuchen, und Hänschen trat unwillkürlich zur Seite. Da stiebte ein Hase vorbei, dem im Abstand von einem Meter ein Hund folgte. Letzterer machte den Eindruck, dass er trotz des Wahnsinnstempos der „Spur" nicht optisch, sondern standestypisch mit der Nase hart am Boden, also geruchsmäßig folgte.

Sooo lang ging nun der Pfad auch nicht geradeaus. Da vorn gab es nämlich eine völlig unübersichtliche Kurve, was aber momentan offenbar nur Hänschen wusste. Sein Denken war jetzt aber ohnehin abgeschaltet und hätte zudem die folgende Karambolage mit tödlichem Ausgang zu keiner Zeit beeinflussen können. Das Kind ahnte ja auch nichts vom jenseitigen Gegenverkehr. Der fand aber zunächst einmal statt in Form des zweiten Hundes! Es bleibt freilich dessen Geheimnis, wie er den verschlungenen Weg des gehetzten Hasen voraus gesehen hatte, der sicher nur in arger Bedrängnis Hänschens fremdartiges Spielfeld betrat.

Für die einen eingangs und den anderen aus-gangs der Kurve, also kaum fünf Meter voraus, kam es zum Dreierstoß. Beide Hunde reagierten auf die unvermeidlichen Geruchswirbel oder so überhaupt nicht, sondern stießen ungebremst und gleichzeitig frontal drauf.

Worauf? Auf des Hasen Bauch bzw. Rücken! Der stand nämlich in diesem Augenblick kerzengerade in der Luft. Insofern muss es für die beiden etwa gleich großen Hunde ziemlich schmerzhaft gewe-sen sein, denn die Köpfe stießen annähernd zen-tral aufeinander. Dazwischen war also nur der un-tere Balg des dritten Tieres. Und was hat dieses dürre Teil schon mit einem Airbag zu tun? Der Hase hatte doch tatsächlich den Ernst der Lage noch erkannt und versuchte - wohin denn sonst bei der allgemeinen Enge rundum? - senkrecht (!) nach oben zu entkommen. Das misslang allerdings gründlich, wie beschrieben.

Es ist daher auf Anhieb verständlich, dass die verbrauchte, beträchtliche Stoßenergie die Lebensgeister des fliegenden Vierbeiners auf der Stelle zumindest zeitweise außer Betrieb setzte. Die vereinigten elastischen Kräfte der deformierten Leiber trieben nun zudem die Hunde jaulend je ein Stück zurück, so dass Meister Lampe wie ein nasser Lappen zwischen ihre Schnauzen fiel. Also hatten die Häscher genug Zeit, um die Übersicht zu gewinnen. Die Falle schnappte zu, und zwar ein Scharnier im Genick, das andere am Hinterlauf. Wie es sich freilich heraus stellte, war dieser Eifer völlig überflüssig, denn die Beute war längst tot: Rückratfraktur! Und Hänschen hielt immer noch inne, denn die scharfen Bilder brauchten Zeit zur Abspeicherung in den grauen Zellen.

So, und jetzt spie die Dschungel-Kurve auch noch den eiligen Polen aus, der sofort heftig über das Knäuel der verkeilten Hasen und Hunde stolperte. Das wiederum raubte ihm immerhin die Bewegungsenergie, so dass er wenigstens das Hänschen am Leben ließ, das da wie angewurzelt im Wege stand. Daher konnte Opa Hans, der als Hänschen als Einziger den Vorgang aus nächster Nähe minutiös beobachtet hatte, hier über diese Alternative zur klassischen Hasenjagd berichten.

Bei Hänschen im schlesischen Zuhause wurden die Kaninchen übrigens - als es sie nach dem Krieg wieder gab - ganz anders erlegt: Die linke Hand hielt das zappelnde Opfer an den Hinterläufen, während die Rechte vehement einen Knüppel führte, und zwar genau hinter die Ohren. Auch der Knirps war eines Tages zu diesem Handwerk berechtigt.

Schlesischer
Aberglaube
und ein
Hundeschreck

 nächster Umgebung von Hänschens Geburtshaus gab es drei bemerkenswerte landwirtschaftliche Güter. Ihre verhältnismäßig kleinen Fluren erinnerten noch an die Gründerzeit des Jahres 1749, waren doch viele Siedler im 20. Jahrhundert immer noch Kleinbauern wie zur ersten Stunde. Die betreffenden Landwirtschaften und das Elternhaus gehörten, wie gesagt, zur Straße, die in deutscher Zeit Kauba-Reihe hieß und heute den romantischen Namen Akacjowa trägt.

Aus Hänschens Perspektive gab es folgende zugehörigen Personen, die ihm irgendwie nahe-

standen: Bauer Wittwar, Hänschens Ziel, wenn es abends Hunger hatte; Stellmacher Tscherny, dessen jüngster Sohn Helmut der beste Freund Hänschens bis zur Vertreibung war; Rentner-Bauer Matitschka, der für die Kinder der sogenannte „Huchnja" hieß.

Während es sich also bei Witwar´s zu Hänschens Glück noch immer um ein funktionierende Bauerngut handelte, stand schon vor dem Krieg bei Tschernys das Handwerk im Vordergrund.

Man erlebte Jahre nach dem Krieg auch dort nur noch bescheidene landwirtschaftliche Aktivitäten.

Der Huchnja war wohl schon zu jener Zeit viel zu alt, um seinen Acker zu bestellen. Auf jeden Fall waren alle drei Güter für Helmut und Hänschen die Bereiche, die sie bis in den letzten Winkel kannten, oft gemeinsam nutzten und ... leidlich verunsicherten.

Die große Stube bei Tschernys entwickelte sich zudem zu einer Art von kulturellem Zentrum, wo freilich der Aberglaube reichlich Nahrung fand. Immerhin, diese Treffen ersetzten für Hänschen und die anderen Kleinkinder die Märchenwelt, so lange sie noch nicht lesen konnten, denn ans Vorlesen zu Hause war zu dieser Zeit einfach nicht zu denken.

In der Stubenmitte stand bei Tscherny´s ein eiserner Kanonenofen. Man versammelte sich abends und scharte sich rund um diesen. Wenn der dann nach reichlicher Fütterung wie ein Hochofen glühte, konnte man in seinem romantischen Rotlicht, also ohne sonstige Beleuchtung, eine seltsame Staffelung von kreisförmig angeordneten Leibern beobachten: Den Innenkreis bildeten Hunde, die sich - in Seitenlage ausgestreckt - von der heißen Ofen-„Sonne" rösten ließen. Dann hockten auf dem Boden ringsum im Halbdunkel wohliger Strahlungshitze erwartungsvoll Hänschen und die anderen kleineren Kinder, während sich dahinter die Jugend und alte Männer auf Schemeln und Stühlen platzierten.

Aus verschiedenen Richtungen von hinten ertönten dann die unendlichen Geschichten aus dem Märchenreich Schlesien. Sie wurden umso gehaltvoller und phantastischer, je später der Abend. Jedenfalls empfand Hänschen das so und wurde im steten Wechsel von der Angst gepackt, vom Frost geschüttelt oder es standen ihm die Haare zu Berge. So ging es bestimmt auch den anderen Kindern und ... den Erwachsenen, denn der Aberglaube ging seit Jahrhunderten um im Dorf, und mit ihm ... die Wiesenhexen, der Apotheker, die Poltergeister, der Rübezahl ...

Ach, wo spukte es nicht überall in Hussinetz und Umgebung! Besonders betraf es natürlich das entlegene Dorfviertel mit dem seltsamen Namen „*Helle*", das ungerechterweise meist in dieser Runde in tschechischer Sprache als „*Peklo*" bezeichnet worden ist, was ja nun wirklich im Deutschen „Hölle" heißt. Der Teufel fegte ohnehin überall herum, denn er besaß zudem im Teufelsberg beim benachbarten Dorf Mehlteuer seine Brutstätte. Ihm gegenüber steht in diesem Geisterland auch noch der Leichenberg. Unweit davon, im Dorf Jagen, gediehen die Legenden von der Kreuzeiche, die tatsächlich existierte und die mit ihren zwei kreuzweise ineinander gewachsenen Stämmen stets aufs Neue die zutiefst religiöse Phantasie beflügelte.

Flugtaugliche Objekte müssen es auch in den frisch gemähten, abendlichen Wiesen gewesen

sein, denn hier tummelten sich knapp über feuch-
ten Grasböden bläulich leuchtende Kobolde in
Miniaturausführung. Schließlich hatte man damals
keine Ahnung vom sogenannten Methangas-
Leuchten, das für Humusschichten über klüftigen
Granituntergründen schon einmal typisch sein
kann.

Das alles fiel ohnehin auf fruchtbaren Boden, denn ein immer noch waberndes Glaubensbekenntnis der nicht minder legendären, hussitischen Böhmischen Brüder und anderen böhmischen Ahnen des Unternehmens Hussinetz schloss erstens den Teufel nicht aus und ließ zweitens die Möglichkeit zu, dass das eine oder andere Phänomen vielleicht doch der christlichen Wahrheit entspricht. Ausgespart blieb nicht wirklich irgendeiner von Hänschens Lebensräumen, und zwar vom Zobten-Vulkan im Norden bis weit ins Riesengebirge im Süden, wo der Rübezahl sein Unwesen trieb. Dazwischen, ganz in der Nähe, thronte obendrein der Rummelsberg, ein weithin bekannter Wallfahrtsort, auf dem einst eine Raubritterburg gestanden hat und ein unterirdischer Gang von sich reden machte. Über die Gegend erzählte man sich jedenfalls schon seit alters her die tollsten Schauder-Geschichten. So ge-

schah es also erst recht im Angesicht eines glü-
henden Kanonenofens!

Zur Entspannung nahm man sich natürlich auch
mal bestimmte Dorfpersonen aufs Korn, so eben
auch den armen Huchnja. Weil er einen Sprach-
fehler zeitlebens mit sich herum schleppte, musste der in dieser Runde stets abwesende Nachbar
leiden. Er habe das „*Schloss mit Gewalt erbro-
chen*" war eine der typischen nasalen Nachäffun-
gen, die man hier hörte, und alle lachten. So ein
Blödsinn! Nur, das bescherte natürlich den Kindern automatisch eine von Erwachsenen legiti-
mierte, tragische Spottfigur.

Dann ging es wieder ans Mystische. Der markante
Ziegenberg bzw. dessen als Apothekerberg ver-
pönte Warze bei Mondlicht kamen nun, wie so oft,
ins Spiel, denn der Geist des namensgebenden

Gesellen trieb hier sein Unwesen. Bei Nacht war die Straße nach Eichwald dadurch praktisch unpassierbar, denn wer wollte sich schon mit dem unheimlichen Spuk des verunglückten, gottlosen Apothekers anlegen? Es reichten ja schon die örtlichen Ackergeister. Sie kündigten sich zwar bei Mondlicht mit Leuchtsignalen an, doch war man ihnen letztlich hoffnungslos ausgeliefert.

Die Kleinkinder nahmen das sehr ernst, und keine zehn Pferde hätten sie zur fraglichen Stunde dort vorbei ziehen können. Die Vorstellung wurde selbstverständlich keinesfalls entschärft, wenn es dann gelegentlich hieß, die blinkende Lichtquelle sei nur die blanke Schar eines im Feld abgestellten Pfluges gewesen, an der sich das Mondlicht spiegelte.

Genau auf dem lausigen Höhepunkt einer solchen

Gespensterstory geschah es dann. Jemand legte - sicher nur, um der eigenen Erregung Herr zu werden - Feuerholz nach, so dass die Ofenhülle zu schmelzen drohte. Beim Rückzug trat der Depp einem der Hunde jedenfalls aufs Bein. Oh je! Der jämmerlicher Aufschrei des Tieres wurde nun von allen Anwesenden, auch von den anderen Vierbeinern, wie das endgültige Öffnen der Hölle verstanden. Alles sprang auf und schrie und bellte gar fürchterlich durcheinander. Vielleicht geriet auch noch jemand in brenzliche Tuchfühlung zur Ofenschmelze; jedenfalls war jetzt wirklich der Teufel los und es stank nach Angebranntem. Spätestens dieses chaotische Gebaren war nun der endgültige Beweis: Vom Aberglauben waren alle Hussinetzer befallen!

Die Abrichtung

des Hündchens

beim

Kriegerdenkmal

 der Erste
Weltkrieg hatte zahlreiche Opfer aus Hussinetz
gefordert. Ihnen stellte man, wie praktisch überall
in Deutschland, ein Denkmal auf. Jahre nach dem
Zweiten Weltkrieg lag es zerbrochen in Teilen und
völlig verwahrlost herum. Man muss es daher
hoch anerkennen, dass inzwischen auf Initiative
polnischer Bürger die vollständige Restaurierung
stattgefunden hat und im Jahr 2003 die Wieder-
aufstellung am ursprünglichen Standort erfolgte.
So kann man nun wieder in deutlichen goldenen
Lettern unter anderem auch die zahlreichen Namen von Hänschens vielen betroffenen Verwandten erkennen, die im Ersten Weltkrieg sinnlos ums
Leben gekommen sind.

Diesem Platz gegenüber befand sich damals ein Anwesen mit einem ausgedehnten Garten. Alle, die früher aus der südlichen Gegend zu den Hussinetzer Schulen oder - nach deren vollständiger Kriegszerstörung - zumindest in das Aue-Viertel des Dorfes beziehungsweise weiter zur Stadt Strehlen im Norden strebten, mussten dort vorbei.

Man wurde hier in der ersten Nachkriegszeit stets auf ziemlich langer Strecke von einem kleinen Spitz angekläfft. Das ging natürlich besonders den größeren Jungens auf die Nerven, und die fanden die perfekte Lösung des Problems: Man stieg über den Zaun und schnappte sich den Balg. Es kam nämlich jemand auf die glänzende Idee, seine Nase auf Weißglut zu reiben. Das muss dann furchtbar wehgetan haben, und die entsprechende Prozedur hat sich das Hündchen für alle seine Lebenszeit gemerkt. Man brauchte nur - das galt auch und vor allem für die bösen kleinen Buben, zu denen natürlich auch das Hänschen gehörte - beim Vorbeizug die entsprechende Handhabe nachzubilden. Klar, der Hund kam nach einer gewissen Karenzzeit zunächst wieder lauthals zum Zaun gestürzt. Doch nun wurde nur mit der linken Hand der Schnauzengriff geformt und mit der flachen Rechten darauf kreisend gerieben, was vom Bello sofort verstanden wurde und bei ihm sichtlich Phantomschmerzen weckte. Er zog spontan den Schwanz ein und rannte stets winselnd davon. Diese makabre Abrichtung wurde von den Kindern selbstverständlich bis an das Lebensende des wackeren Vierbeiners immer wieder fortgeschrieben. Und nun hat auch er mit dieser Geschichte ein Denkmal bekommen.

Kaninchen und Meerschweinchen in den Sack

nahrhafte
Praxis des Kaninchen-Bratens leitete bei Häns-
chen zu Hause gezielt wieder zu besseren Mahl-
zeiten über. Doch sie dauerte leider nicht ewig.
Sie währte im Grunde nur so lange, bis alle Boxen
im groo025en Karnickel-Stall, der sich aus Großva-
ters Zeiten hinten am Hofende befand, mühsam
besetzt waren.

Das muss wohl jemand heimlich beobachtet haben, der auch auf Hasenfleisch Appetit hatte,
meinte Hänschen später. Die Aufzucht brauchte
ihre Zeit, denn sie musste buchstäblich aus dem
Nichts erfolgen. Motor war - wie immer - die über-

101

aus rührige Mama. Nach Katze Minka gelangte jetzt zudem ein weiterer Vierbeiner in Hänschens Besitz: Ein Meerschweinchen. Das war natürlich nicht zum Essen da, sondern wie einst das Kätzchen ... zum Schmusen.

Eines Nachts störten seltsame Geräusche den Schlaf. Bald versammelten sich alle in Hänschens

Bett, das unter dem hofseitigen Fenster stand, um ängstlich durch die Gardine in Richtung Kaninchenstall zu lugen. Genau dort spielte sich nämlich für alle Beobachter eine schreckliche Szene im Mondlicht ab. Ein unbekannter Mann mit typisch polnischem Bart machte sich dort zu schaffen, während man häufig das heftige Pochen der Hinterläufe hörte, mit dem Karnickel bekanntlich helle Aufregung verraten. Der Einbrecher schleppte vor den entsetzten Augen von Mama und ihren zwei Kindern ein Tier nach dem anderen vorbei, um an der Hausecke im Obstgarten zu verschwinden. Der Bösewicht kam aber bald wieder und bediente sich erneut. Zuletzt hob er einen Sack auf!

Natürlich wussten alle sofort, was hier ablief, und den Kindern war zum Schreien zumute. Doch Mama hatte die Chancen und Gefahren schnell erkannt: *„Pst! Pst!"*, und alle hatten verstanden. Es wäre für die schwache Frau viel zu gefährlich gewesen, sich hier einzumischen.

Am frühen Morgen fand man sämtliche Ställe offen und leer. Der Räuber hatte sogar Hänschens Meerschweinchen mitgenommen und sicher ebenfalls getötet, um sein Fleisch zu verwerten. Diese Absicht verriet ein großer Blutfleck gleich nebenan im Garten.

Den grausigen Eindruck konnte Hänschen nicht vergessen, zumal vor allem die kleinen deutschen Kinder eine Zeit lang in der Nachbarstadt Strehlen auch andere schlechte Erfahrungen machten. Dort wurden sie nämlich häufig von älteren polnischen Jungen mit folgendem Satz beschimpft und drangsaliert, oft auch verprügelt: *„Niemiecki swin!!"*, was „Deutsches Schwein!!" heißt. Mit

Schimpf und Schande sollten ausgerechnet die unschuldigen deutschen Kleinkinder für die Fehler ihrer Eltern büßen. Die erste Gegenmaßnahme betraf das Hänschen insofern, als es - entsprechend einem Beschluss im Rat der Mütter - umgehend seine Muttersprache verlernen sollte. Ab sofort wurde zu Hause und bei den Familientreffen nur noch böhmisch gesprochen. Die zweite Entscheidung fällte Hänschen zudem selbst: Du lernst ab sofort intensiv die polnische Sprache!

Hasen-Glück

und

Tombola-Pech

gab
schockiert die Kaninchen-Zucht auf, so dass die
Ställe fortan ungenutzt blieben. Hänschens Zu-
neigung zu diesen Tieren erwies sich jedoch als
Erhaltungsgröße: Ihm hat Kaninchenfleisch immer
geschmeckt!

Die Stadt Strehlen und ihre Umgebung erlebten
nicht nur weitere Frühlinge, sondern das Leben
selbst erblühte zusehend. Der Sportplatz in der
Altstadt wurde von polnischen Bürgern reaktiviert,
die jetzt in Schlesien das Sagen hatten, und er
besaß sogar noch die überdachte Tribüne aus
deutscher Zeit. Dass dort wieder Fußball gespielt

wurde, behielt Hänschen bestens in Erinnerung.

Man übte allerdings auf dem Nebenplatz, und
Hänschen schaute interessiert zu. Deutsche durften zu dieser Zeit noch nicht mitspielen. Leider
verwechselte urplötzlich einer der auffälligsten
polnischen Akteure das Kind mit dem Tor. Jedenfalls traf sein scharf geschossener Ball mit voller
Wucht und aus nächster Nähe Hänschens Backe.

„Boze muj!" („Mein Gott!"), hätte Mama sofort spontan in Böhmisch gerufen, was sie denn später auch tat. Hänschen flog jedenfalls erst einmal ein Stück in die Luft, dann zu Boden und verwickelte sich schließlich in begründete Weinkrämpfe. Der schändliche Abdruck des Balles war noch lange, lange Zeit in seinem Gesicht zu sehen, weshalb Hänschen Tätowierungen fortan zeitlebens als unsozial betrachtete und strikt ablehnte.

Zum Weinen war dem Kleinkind auch zumute als es einst in der Tombola auf dem Sportplatz das Große Los gezogen hatte. Polnische Folklore, Budenzauber und Loskisten begeisterten selbstverständlich auch die deutschen Nachkriegsbewohner von Strehlen und Hussinetz. Die lockenden Gewinne waren zahlreich auf den Sitzreihen der Tribüne verteilt und durchweg viel praktischer als heutige einschlägige Auslagen. Das Gedränge war riiiiiiesengroß … für Hänschens Verhältnisse.

Das Kind, allein, zog ein Los mit letzter finanzieller Kraft und ... gewann. Irgendwer hinter der Balustrade nahm ihm das Papierröllchen ab und ließ sogleich von Hand die Glocke gellend schwingen. Es musste mindestens ein großer Gewinn sein, spürte Hänschen! Dann kam doch tatsächlich eine Frau und schleppte am Genick, zappelnd, ... ein großes lebendiges Kaninchen! Hänschen stand mal wieder völlig entgeistert da, denn das war mehr als ein Hauptgewinn. Als aber die Frau den kleinen Gewinner und seine wehrlose Einsamkeit im Getümmel wirklich erkannte, machte sie kehrt ... ... und brachte als Preis eine Schale (!!!) aus Glas.

Die Glocke war längst verklungen. Und nun glich Hänschen eher einem begossenen Pudel. *„Das ist*

doch erneut ein klassischer Kaninchen-Diebstahl!
So eine Hexe!", schimpfte Hänschen in seinem
Ur-Deutsch, doch es half nichts. Seither waren
selbst die schönsten polnischen Frauen dem
Hänschen nie mehr wirklich sympathisch. Die ihm
völlig nutzlos erscheinende „Trophäe" hat das be-
trogene Bübchen nachher seiner Mama halb voll
mit Tränen weiter gereicht.

 so viel Elend musste sich ja unvermeidlich ein Feindbild entwickeln, was die vierbeinigen Langohren gleich mit betraf. Hasen und Kaninchen konnten zwar wahrhaftig nichts dafür, doch ist die Philosophie eines kleinen Jungen, der langsam zum Bengel heranwächst, eine sehr einfache: Mit gefangen, mit gehangen! Hänschen hatte mit diesen kleinen Tieren kein Mitleid mehr. Im Gegenteil, es bedauerte sogar, nicht beteiligt worden zu sein - wie sein Vetter Werner Sperlich später in Sachsen erzählte - als man seinerzeit ganze Kaninchen-Baue ausgegraben hätte, um an das Fleisch heran zu kommen. Der Junge bedauerte vielmehr, in Schlesien nicht

selbst auf diese Idee gekommen zu sein.

Nun schweift also Hänschens Erinnerung wieder in die Zeit zurück, da sein Cousin noch im schlesischen Geppersdorf wohnte, wo dessen Eltern ein Haus besaßen. Mama besuchte nach dem Krieg ihre Schwester Ida dort in gewissen zeitlichen Abständen, obgleich der Weg seinerzeit lang und beschwerlich war. Früher konnte man bei dieser Gelegenheit wenigstens noch bei Verwandten im romantischen Eichwalder Gasthof „Zur grünen Eiche" Zwischenstation machen. Die Deutschen hatten zwar vor dem Krieg begonnen, eine Fernstraße von Strehlen über Friedrichstein nach Geppersdorf zu bauen, doch sie konnten sie nicht mehr vollenden. Daran war natürlich nicht der gefürchtete Geist des Apothekers schuld, an dessen Berg die Straße vorbei führte. Nein, in Eichwald war Schluss, denn der Rest wurde - wie einst das

Endstück der Autobahn von Dresden nach Breslau - ein Opfer des Krieges. Man musste sich von dort aus auf einem sandigen Pfad durch einen dunklen Wald quälen, der sich am buckligen Lehmberg hin zog. Hänschens Phantasie hatte hier somit zudem mit vielen Waldgeistern zu tun, und das Kind war immer heilfroh, wenn der jenseitige Waldrand in Sicht kam.

Immerhin, in „Friedenszeiten", als die Wehrmacht in der Ferne noch ihre Siege feierte, benutzte Mama gern das Fahrrad, um mit ihren zwei Buben das Geppersdorfer Ziel in etwa sechs Kilometer Entfernung überhaupt und zudem schneller zu erreichen als es zu Fuß geschehen wäre. Hänschen saß vorn im Fahrradkorb, während es sich sein Bruder Siegfried hinten auf dem Gepäckträger halbwegs bequem machen musste. Beide Buben freuten sich schon auf die Abenteuer mit ih-

rem Cousin Werner (im Foto links), die sie gemeinsam zu bestehen gedachten. In Erinnerung
sind zum Beispiel riskante Talfahrten auf dem alten Schienenbestand in den Steinbrüchen mit un-
gebremsten Loren, die zunächst mühsam hang-
aufwärts zu bugsieren waren, oder Erkundungs-
gänge im verlassenen Wenzelides´schen Ritter-
gut.

Hänschen war aber auch hier der Kleinste und konnte oft seinen Dickkopf nur mit Weinen durchsetzen, was die beiden Großen allerdings gelassen ertrugen.

Man kann sich jedenfalls lebhaft vorstellen, dass die lange Strecke nach Geppersdorf mit Klein-Hänschens kurzen Beinen kaum zu machen gewesen wäre. Und für den beschwerlichen Transport im Kinderwagen in den ersten Jahren hätte man den Vater gebraucht. Der war aber irgendwo im Russland-Krieg unterwegs … und verschollen.

Mama soll das Unterfangen zu Dritt auf einem Drahtesel in der Regel mit Bravour gemeistert haben. Doch einmal - und das gehört zu Hänschens allerfrühesten Eindrücken - ging es mit ihnen im Lehmberg-Wald völlig schief. Das Fahrrad verhedderte sich im tieferen Sand, und alle landeten mehr oder weniger unsanft im Dreck. Diese Geschichte wurde nach dem Krieg zu Hänschens Ärger auch noch gern bei Tscherny´s in der Runde am heißen Kanonenofen ausgeschlachtet. So wurde auch das Kind selbst gelegentlich zur tragischen Figur, worüber es sich sehr ärgerte.

Es kam aber auch die Zeit, da der fünf Jahre ältere Bruder und Hänschen zu Fuß nach Geppersdorf pilgerten. Man passierte dabei viele interessante Stationen. Los ging es über den Wiesenweg im ehemaligen Minenfeld zur Teichreihe. Dann lag rechter Hand der damals schon still gelegte Granitsteinbruch, dessen tiefes Wasser nach dem Krieg zum Massengrab von Waffen, scharfer Munition, nicht entsicherten Minen sowie ... Säcken voller Katzenbabys umfunktioniert worden ist. Nun folgte links der Ziegenberg, ein Paradies für die Geländespiele der kleineren und größeren Kinder.

Man kämpfte in zwei gegnerischen Gruppen von Jungen unterschiedlichen Alters nach bestimmten Regeln. Entscheidend war eine Blechmarke, die mit Zwirn am Hosenbund befestigt war. Um diese entwickelte sich letztlich immer ein heftiger Nahkampf, der das Verstecken und Anschleichen im weiträumigen Gelände sowie das Überfallen und Fechten mit Holzschwertern völlig in den Schatten stellte. Wer nämlich als erster die Marke des anderen abreißen konnte, hatte gewonnen. „Männer" ohne Marke waren „tot" und durften sich am weiteren „Kampf" nicht mehr beteiligen. Leider war Hänschen einer der Kleinsten, so dass es meistens nur „Kanonenfutter" war. Das Kind erkannte: Immer auf der Verliererstraße ist ein harter Job, aber auch eine starke Herausforderung für später.

Hänschen und auch sein Bruder zogen jedenfalls jetzt erst einmal den Kopf ein und gingen wortlos schnell weiter, denn in diesem Gebiet herrschte bekanntlich der gefürchtete Geist des Apothekers. Das erregte bei den Jungen allemal haarsträubende Gedanken, obgleich es früh am Tage war. Erst dann näherte man sich der einst sogenannten Kolonie Eichwald, was auch hier an die Gründung eines böhmischen Dorfes erinnerte, und man gelangte dahinter bald wirklich in den dichten Wald. Dabei handelte es sich ja nun auch nicht gerade um eine Landschaft - mit den Rummels-, Teufels- und Leichenbergen in der Nähe - die man phantasielos durchquerte. Die Raubritter, die Satansmutter und die ruhelosen Geister der Toten konnten überall sein. So erreichten die jungen Wanderer mehr oder weniger gestresst den anderen Gehölzrand, von wo aus man bereits die Häuser von Geppersdorf ausmachen konnte.

In diesem Augenblick streunte ein Fuchs durch

das Blickfeld. Er entdeckte die Beobachter ziemlich spät, so dass ihm der Schreck offenbar tief in die Glieder ging. Daher tauchte er schnell, doch für die Kinder noch gut einsehbar, in den Straßengraben und dort in ein Rohr ab, das man an dieser Stelle wegen des Überganges zu einem

Feldweg angebracht und überbaut hatte. Der Fuchs war definitiv im Rohr!

Er kam auch nicht wieder heraus. So zogen Hänschen und sein Bruder also ab, nun aber mit einem spannenden Thema im Gepäck. Man hätte zwar gern ..., aber wie sollte man den Fuchs fassen?

Diese Frage spielte bei den Gastgebern - die ja später ganze Karnickelnester ausgruben - keine Rolle, denn kaum war die Geschichte erzählt, war man bereits mit Verstärkung und ... mit einem Kartoffelsack unterwegs. Es sollte zudem vor Ort keine Zeit mit riskanten Überprüfungen verschwendet werden, ob denn der Fuchs noch da sei, sondern man hatte wohl sofortiges Handeln verabredet. Jedenfalls sprangen - so Hänschens Traumbild - zeitgleich je ein Mutiger an beiden Rohrenden in den trockenen Graben. Dort, wo der Fuchs hinein gekrochen ist, standen nun zwei Hosenbeine. In der richtigen Annahme, dass das Tier im engen Rohr kaum ein Wendemanöver durchführen konnte, gähnte am anderen Ende ... die zweite Öffnung im Halbdunkel des Sackes. Das Gewebe wurde mit zwei Händen eng an den dortigen Rohrrand gepresst. Nun die weitere Überlegung: Ein Fuchs im finsteren Rohr muss das durch und durch schimmernde Sackgewebe als die einzige Fluchtrichtung wahrnehmen, wenn, ja wenn der Teufel hinter ihm her ist. Potz Blitz, der war nun tatsächlich los, alles schrie um die Wette, man trampelte auf den Boden, auch der mit den Hosen, nur am Sackende herrschte totale Stille. So musste der schlaue Fuchs annehmen, dass tatsächlich der Teufel <u>hinten</u> und die Freiheit <u>vorn</u> ist. Und wie er das tat! Einer Furie gleich schoss der vermeintlich Verfolgte in den Sack hinein, so dass dessen Halter alle Mühe bekam, die Fäden zu beherrschen und vor allem zu schließen. Nun hing der zugebundene Sack am starken Arm eines

Mannes, während man eine Zeit lang den Eindruck bekam, dass Fuchs und Teufel gemeinsam
darin eingeschlossen sein müssten. Doch irgendwann herrschte dann Ruhe im Sack … und auch
Hänschen geriet als verängstigter Beobachter ja
schon längst in eine Art von Koma. Erst ein gutes
Stück weiter, in Geppersdorf, kam Hänschen wieder richtig zur Besinnung. Da war der Fuchs aber
auch schon mausetot. Man hatte ihm das wertvol-
le Fell abgezogen, und Hänschen durfte den
schönen buschigen Schwanz streicheln. Es gab
wirklich keinen Makel am Balg, der schließlich bei
einem reichen Polen in Steinkirche 1.000 (!) Zloty
eingebracht haben soll.

Hänschen - zwischenzeitlich mal wirklich aus seinen Träumen aufgewacht - sah dem engelsglei-
chen Wölkchen mit dem Fuchsgesicht visionär
noch lange, lange nach. Der Wert des polnischen

Geldes war im Ansteigen. Hänschens allerletzter Zloty sollte einen Tag später sogar noch für eine Henkers-Mahlzeit reichen: Am Kiosk auf dem Bahnsteig im Abschiedsbahnhof zu Breslau gab es dafür nämlich noch eine kleine Tafel gefüllter Schokolade. Aber da gehörte Hänschen bereits zu den Vertriebenen, die traurig auf den Zug warteten, der sie über die Oder nach Deutschland zu bringen hatte. Hussinetz, Schlesien, ade!!!

Und das Kind schlief wieder ein und träumte weiter, von den kleinen Tieren.

Viele Ratten und eine Mistgabel

Hause, im eigenen, hölzernen Freiluft-Klo neben dem Karnickel-Stall gab es keine Ratten. Trotzdem wurde Hänschen nachhaltig mit diesen Vierbeinern konfrontiert. Es war, wie gesagt, unter den umständehalber männerlosen Frauen mit Kindern üblich, an gewissen Sonntagen „Kriegsrat" zu halten. Auch Mama und ihre zwei Söhne trafen dazu regelmäßig in einem Hussinetzer Bauernhof ein.

Fast alle hier Versammelten wussten freilich kaum, wo Ehemänner, Väter, Brüder, Söhne im Krieg abgeblieben sind. Am schlechtesten ging es freilich denen, die es wussten, weil dem viel zu oft

die Nachricht vom sogenannten Heldentod voraus
ging. Die anderen lebten wenigstens vom Hoff-
nungsschimmer.

So füllten die tüchtigen Frauen ohne Zweifel mit
großer Umsicht eine gewaltige Lücke. Das werden
alle bestätigen, die damals die Flucht, die Evaku-
ierung, die Front, die polnische Landnahme

und/oder die Vertreibung erlebt haben. Es gibt Kriegermahnmale und Soldatenfriedhöfe, es gibt jüdische Erinnerungsstätten und wieder aufgebaute Frauenkirchen, an die Folgen des Luftkrieges wird regelmäßig erinnert und man entschädigte und machte wieder gut, kurzum, es wurde und wird viel getan, um das Unrecht eines Weltkrieges auszugleichen bzw. unvergessen zu machen. Doch wo ist das Denkmal für die Frauen und Mütter, die die Suppe im heimatlichen Hinterland auslöffeln mussten?

Und noch etwas: In den ersten Tagen nach dem Krieg kam es verständlicherweise auch im Dorf Hussinetz und in der Stadt Strehlen zu teilweise sehr heftigen Konfrontationen mit den polnischen Neusiedlern. Wenn Du es nicht selbst erlebt hast, kannst Du es Dir kaum vorstellen, was es heißt, wenn eines Tages ein Fremder kommt und Dein

Eigentum einfach so beansprucht! Es gab dafür weder Vorschriften, noch Erklärungen, denn es herrschte einstweilen das polnische Recht des Stärkeren. Die Russen, die irgendwie als Schiedsrichter hätten wirken müssen, zogen es nämlich vor, bereits im November 1945 abzuziehen. So wurde zudem Hussinetz in einer Nacht- und Nebelaktion kurzum zu jenem „Gesiniec" - das heißt zu deutsch „Gänsedorf" - umbenannt. Dabei kam doch die ursprüngliche Bezeichnung, hergeleitet vom Namen des böhmischen Reformators Jan Hus, völlig unter die Räder der Geschichte!

Immerhin, erkannte Hänschen, man ehrte damit wenigstens eine der durchaus hier charakteristischen Populationen kleiner Tiere, die es hier in der Vorkriegszeit zahlreich gab.

Als Sieger kann man übrigens aus nachträglicher

Sicht die schlesischen Polen nicht bezeichnen, waren sie doch selbst teilweise Verlierer ihrer angestammten Heimat im Osten, aus der viele von ihnen von den Russen vertrieben worden sind.

Die deutschen Frauen mussten sich also untereinander austauschen, um die neue Rangordnung einigermaßen unbeschadet zu ertragen und sich Verhaltensregeln zu erarbeiten. Eine der Folgemaßnahmen betraf - wie gesagt - auch das Hänschen, denn es musste ab sofort die deutsche Sprache verlernen. Der Junge war echt wütend, weil er sich bis dahin das Polnische nur aus kindlichem Hass aneignete und dann lieber doch tschechisch sprach. Die alte böhmische Sprache ist ihm ja quasi aus Urvaters Zeiten zugeflogen. Ja, es herrschte ein wahrhaft babylonisches Sprachgewirr in seinem Knabenkopf!

Hänschens Zorn steigerte sich auf dem Bauernhof zunächst einmal, weil nun auch noch vor Ort die Ratten ins Spiel kamen. Wie bei ihm zu Hause musste man auf das Klo diagonal über den Hof. Allerdings handelte es sich hier im Gutshof um eine deutlich größere Entfernung. Man war daher dort drüben mit jeglichen einschlägigen Geschäften vollkommen auf sich allein gestellt. Die Grundkonstruktion der Lokalität war zwar überall ähnlich, nur einige Abmessungen unterschieden sich beträchtlich in Richtung größer. Da ist nicht unbedingt nur der überdimensionale Lochdurchmesser eines Bauernbalkens gemeint (auch im Verhältnis zu Hänschens damaliger Rückseite), der dem Kind beim Sitzen Angst machte. Zum Festklammern gab es nämlich kaum Greifbares für dessen kurze Arme, und es hatte ständig Sorge, hinten durchzufallen. Man saß krampfhaft und asymmetrisch, was ja an dieser Stelle biologisch völlig widersinnig sein musste.

Nein, das Grundproblem war trotzdem ein anderes. Während zu Hause eine kleine, überschaubare Grube als Auffanglager diente, war hier ein riesiger Misthaufen angeschlossen, den reichlich Jauche dekorierte. Und das hatte Folgen für das üppige Leben darin. Noch einmal, zu Hause wurde die Grube oft mit ein paar Kübeltransporten völlig entleert. Hier herrschten aber völlig andere, konstante Verhältnisse, woran vor allem ... der Krieg schuld war. Es fehlte der Bauer. Kühe, Pferde, Schweine gab es nicht mehr, und die Felder waren zuletzt auch noch vermint. Also blieb der Mist auf Jahre so, wie er am Tag der Einberufung bestand. Das wiederum führte zur Entwicklung eines eigenständigen, ungestörten Ökosystems, in dem schließlich die Ratten dominierten. Man konnte sie wie mit einer Großbild-Lochkamera beobachten, denn als Wohnung, Kreissaal und Spielwiese hatte sich diese für Hänschen damals äußerst ekelhafte Population ausgerechnet den Randbereich in den Tiefen des Donnerbalkens ausgesucht. Man stelle sich vor, dreißig Ratten aller Altersgruppen rundum im Abstand von läppischen 0,6 bis 0,8 m vom blanken Allerwertesten!

Da war an feststoffliche Entspannung kaum zu denken. Hielt man erbost den Wasserstrahl auf die Biester - Hänschen musste dazu auf das Podest klettern und genau zielen - da rührten die sich kaum, weil sie das womöglich als Duschbad verstanden. (Dass sie eher lähmende Angst haben könnten, kam dem Buben nicht in den Sinn.) In Anbetracht auch der sonstigen Verhältnisse in ihrem stinkenden Lebensraum schien es, dass Ratten gar nicht riechen können. Hänschen jedenfalls konnte den Gestank zusehend kaum ertragen, und trotzdem zog es den Jungen wiederholt in das hölzerne Gelass. Er hockte dann oft vor dem Podest und schaute wie gebannt durch dessen hölzerne Brille, während im Kopf alle möglichen und unmöglichen Mordkomplotte kreisten.

Mit dieser Grundstimmung schlenderte Hänschen eines Tages anschließend neugierig in die offene Scheune. Der Junge hielt sich rechts an die bis auf den Durchgang mit seiner Schwelle geschlossene Balustrade der Tenne. Erst nach zwei, drei Schritten bekam Hänschen im Halbdunkel die Übersicht, und da hinten entdeckte es sie, diese riesige Ratte!

In geduckter Haltung sinnierte sie offenbar schon lange über ihre Chancen. Hätte sie Hänschens Überraschungsmoment genutzt, wäre sie längst über alle Berge gewesen oder hätte gar an seiner

Gurgel gehangen, wie es sich die Phantasie des erschrockenen Kleinkindes ausmalte.

Nun aber musste es zum Zweikampf kommen, zumal sich die Ratte bei ihrer urplötzlichen Attacke konsequent nicht an Hänschens, sondern an die ununterbrochene Kehle von Fußboden und Tennenbalustrade hielt. Sie zögerte allerdings zu lange. Der mutige Junge hatte bereits die Mistgabel ergriffen, die zufällig neben ihm stand, und mit eindeutiger Geste erhoben. Denn auch Hänschen wollte angreifen! So kam das Scheusal in der Attacke zwar zuvor, doch das nur im richtigen Moment für den Drachentöter. Hänschen schlug mit aller Gewalt eines fast Fünfjährigen zu. Das Eisen traf das Tier ... und es war zum Glück auf der Stelle tot.

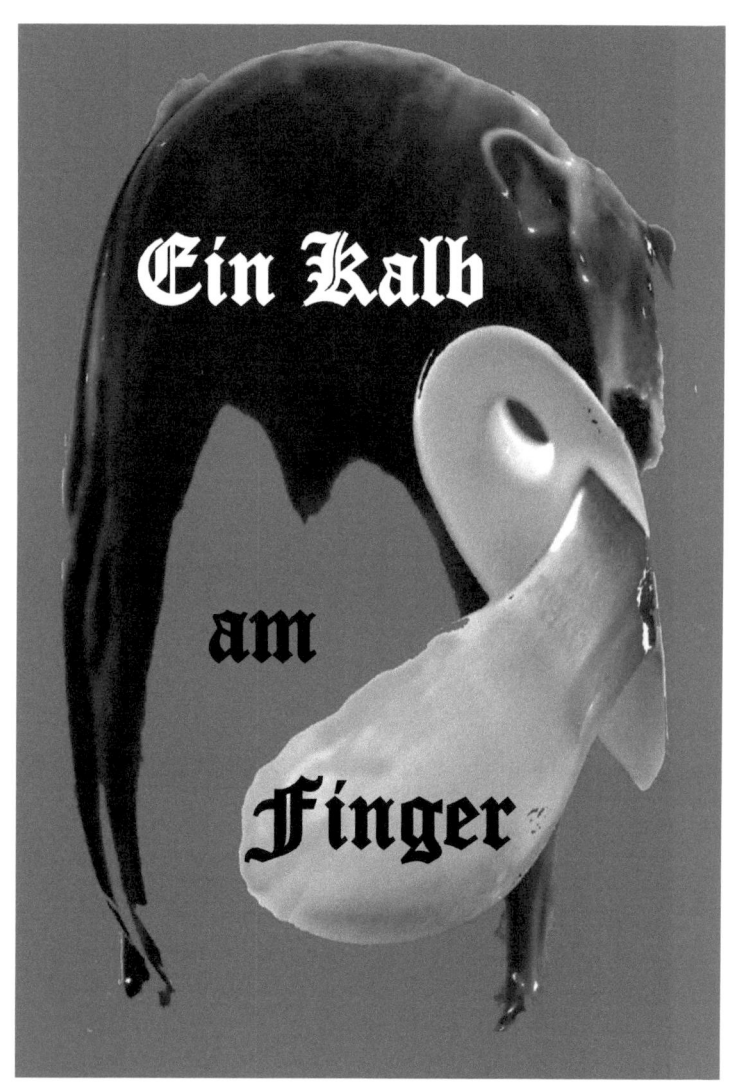

Ein Kalb

am

Finger

 sind damals äußerst selten geworden. Das lag auch am Krieg. Soldaten beiderseits der Front bedienten sich am Hussinetzer Rindvieh-Bestand, denn sie hatten Hunger. Insofern spricht es diesbezüglich für die nach Kriegsende wieder aufkommende Morgenröte, wonach man bei Tscherny´s einst wieder einem Kälbchen oder einem Schäfchen in die verführerischen Augen schauen und es streicheln konnte, wenn sie im alten Hamersky-Bruch grasten.

Bald wurde allerdings erkannt, dass man die dummen Dinger auch an der „Nase herum führen"

139

konnte. Steckte man nämlich den Daumen in das noch zahnlose Maul, dann saugten die wie die Weltmeister! Ach ja, das ist rein menschlich: Für Babys ist bekanntlich dafür der Schnuller erfunden worden.

Für die Hussinetzer Dorfbewohner - und damit auch für Hänschen - war jedenfalls schon in den späten Kriegszeiten Milch ein Fremdwort geworden. Damit entfielen immerhin viele milchsüße Verführungen, die heute vor allem den Kindern angeblich schaden sollen. Im Nachkriegsschlesien wurde aber selbstverständlich irgendwann wieder, wie früher, Kuchen gegessen, doch hier musste anfangs mit Sicherheit Mamas Zauberkraft helfen. Hans, der designierte Nachfolger von Hänschen, kostet daher gern - einer starken inneren Triebkraft folgend - bei jedem Bäcker den Mohnkuchen, denn das gehört zur schlesischen Nation! Die Unterschiede sind ja gewaltig, und man fragt sich, wie Hänschens einst in seiner neuen, sächsischen Heimat auf den Geschmack gekommen ist.

Nun, das hatte in Hussinetz zudem einen echt historischen Hintergrund in Form der berühmten „*Mohnklisla*". Man brauchte freilich Milch, Semmeln, Zucker und ... Mohn. Also musste dieser Tradition (vorzugsweise zum Jahreswechsel) selbst in den ersten Jahren nach der Vertreibung erst einmal entsagt werden. Als dann diese Zusammenstellung der Zutaten jedoch wieder möglich wurde, sah man damals das Hänschen - und übrigens heute noch den Opa Hans - beim Semmelschneiden und Pampemischen. („*Pampe*" ist nämlich die Bezeichnung der schlesisch-böhmischen Köstlichkeit, die schon der Großvater geprägt hatte.) Die gefüllte Schale wird dann mit einem Tuch abgedeckt und abends draußen auf der Fensterbank abgestellt, wo nun noch die winterliche Kälte hinein kriechen muss. Am Morgen beginnt der eigentliche Feiertag mit einem unglaublichen Hochgenuss!

Flugtaugliche
Objekte
der Begierde

Der Spatz in der Pfanne und Tauben unter'm Dach

im Gesiniec des Jahres 1946 auch die Spatzen ausgerottet waren, hat sogar Hänschen von ihrem Fleisch gekostet. Das war zu dieser Zeit keine Schande, denn es ging ums Überleben. Man konnte die flauschigen Gesellen nicht mit der Schleuder jagen, wenn man sie nachher essen wollte, weil beim Treffer (wie ausprobiert) nicht viel übrig blieb. Und von „viel" kann sowieso nicht die Rede sein. Wollte man vom Braten noch etwas spüren, mussten einige Streichholz-Knochen unbedingt drin bleiben. Das wusste Hänschen ganz genau.

Die Gefangennahme des Federbüschels erfolgte vorzugsweise mit einem schräg auf ein Stück Holz gestellten Netz, unter das Getreidekörner als Lockmittel gestreut wurden. Die Sperlinge vielen natürlich nach eiiiiiiniger Wartezeit darauf herein. Zog man dann am Faden, der am Holz befestigt war, neigte sich das Schicksal der hungrigen Eingefangenen zu Gunsten des Jägers. Allerdings war dies ein seltenes Ereignis bei der dörflichen Umgebung, wo sich doch die Sperlinge lieber auf den Bauernhöfen tummelten und zudem bald das unbestimmte Schicksal der Saurier teilten, denn auch polnische Kinder hatten sich darauf spezialisiert.

Es bot sich ein-, zwei Jahre später ein Ausweg an, denn die Friedenstauben waren in jener Zeit noch ganz aktuell. Wie die graubunten Tiere zu Hänschens Domizil gekommen sind, weiß man nicht mehr, nur ihre ungewöhnliche Produktivität und dann wieder ihr Totalverlust bleiben ewig in Erinnerung.

Im Dachgeschoss des Hauses gab es am westlichen Giebel einen Spitzboden. Charakteristisch für die älteren Gebäude von Hussinetz, zumal die der Steinarbeiterhäuser, belüftete und belichtete dort ein stets offenes kleines Fenster den dahinter befindlichen Dachbereich.

Es ist verständlich, dass ein Taubenpärchen eines Tages von sich aus diesen Hort als Brutstätte vereinnahmte. Sie begannen auf der linken Seite unter der Dachschräge ein Nest zu bauen. Hänschen entdeckte es mit Füllung: Zwei Eier! Irgendwer muss die Ruhe bewahrt und die Gunst der Stunde erkannt haben. Man wartete die Geburt zweier Nacktschnecken ab und beobachtete quasi

mit dem Zollstockauge den Wachstumsprozess und die Entwicklung des Federkleides. Dabei ging es keinesfalls um wissenschaftliche Erkenntnisse, sondern lediglich um den richtigen Zeitpunkt. Sie durften vor allem nicht übermäßig flügge werden! Es bleibt nun ein Geheimnis der Altvögel, weshalb sie dann plötzlich in der rechten Ecke ein zweites Nest bauten, wieder zwei Eier legten und darauf brüteten, ohne die lebendigen Knäuel gegenüber zu vernachlässigen. Vielleicht haben sie es den gierigen Blicken angesehen, dass da irgendetwas mit ihrem ersten Nachwuchs nicht stimmt.

Und wie sie damit Recht hatten! Der Krisenrat zwei Stockwerke tiefer fasste nämlich während der ersten Flugversuche in der linken Ecke den endgültigen Beschluss, und der Zugriff erfolgte ohne Gegenwehr der Taubeneltern. Man hörte sie nur in der rechten Ecke etwas gurren (kein Knurren!), was man ja auch als Zustimmung verstehen konnte. So landete diese erste Friedensbotschaft in der Pfanne. Über den Geschmack junger gebratener Tauben lässt sich nicht streiten: Sie sind ganz einfach ein Mahl für die Götter!

Von nun an gingen beide Seiten systematisch vor. Die Tauben brüteten und fütterten im Wechsel rechts und links, und die hungrigen Menschen bedienten sich mit dem entsprechenden Zeitverzug. Das ging so in Harmonie einige Zeit lang. Dann störte jemand den Frieden, denn das ganze Pärchen kam von einem gemeinsamen Ausflug nicht mehr zurück. Dieses gleichzeitige Fernbleiben beider Tauben wurde von Hänschen und den Seinen natürlich zeit- und erfahrungsgemäß damit erklärt, dass eben ein Jemand gezielt dem Treiben ein Ende bereitete, der erwachsenen Vögeln in Topf und Magen den Vorzug gab.

Man war also wieder auf den historischen Boden der Tatsachen zurückgekehrt.

Und wenn wir erneut beim Essen sind, so defilieren nun doch einige der sonstigen Speisen vorbei, die dem Nachkriegs-Hänschen zugemutet wurden oder auch sein Leben versüßten. Über die übel riechende Rapsöl-„*Schniete*" konnte man sich ja wirklich aufregen. Sie steckt in der Erinnerung splitterfest wie etwa der Lebertran, den man dem Hänschen nach der Vertreibung im sächsischen Weinböhla einflößte, um den in der körperlichen Entwicklung etwas zurück Gebliebenen für die Schule fit zu machen. Die echt schlesische Schnitte dagegen, mit Zucker und Wasser, wurde jedoch in den schwersten Zeiten nachweislich zur Feinkost weiter entwickelt.

Es gab aber zu Hause in Schlesien, kraft Mamas Initiative und Papas Vorarbeit, noch eine viel süßere Versuchung, nämlich den Honig, doch leider auch das nur vorübergehend.

Bienen

beim Abflug und ...im Auge

 hölzernen
Bienenschuppen am Rand des Obstgartens ge-
lang die Überdauerung wochenlanger Kampf-
handlungen, was wohl in scheinbar paradoxer
Weise der hohen Treffsicherheit deutscher Hand-
feuerwaffen (und der nicht explodierten russischen Granate) zu verdanken war. Die Deutschen
zielten von jenseits des Minenfeldes nämlich
nachweislich nur auf die Rotarmisten in Hänschens Haus - genauer, im elterlichen Schlafzimmer (Fensteröffnung!), von wo aus ein Schützen-
graben ins Freie führte - und nicht auf die vielbei-
nigen Völker im Bienenhaus auf der anderen Seite
des Grundstücks. Übrigens, hätten die deutschen

Kameraden noch schwere Waffen zur Verfügung gehabt, dann wäre das ganze Gelände umgepflügt und eingeebnet worden, denn von jenem Schlafzimmer aus, in dem einst der schlesische Soldat Alfred und die Weberin Frieda aus Hussinetz-Friedrichstein das Hänschen formten, lenkten im örtlichen Stellungskrieg russische Offiziere die Kämpfe der ganzen Roten Armee im Dorf. Das Steinarbeiter-Haus diente nämlich als ihre Beobachtungs- und Befehlsstelle.

Wer aber waren wohl die Erbauer, wer die ersten Betreiber der Bienenhaus-Konstruktion? Im Jahr 1900 soll es anlässlich einer Viehzählung 37 Bienenstöcke in Hussinetz gegeben haben. Zweifellos nahm auch irgendeiner von Hänschens Uropas die Bienenzucht auf. Der Papa übernahm diese Aufgabe bis zur Einberufung. Das Holzbauwerk älteren Datums ist absolut fachmännisch und mehrfarbig immerhin für zehn Völker ausgeführt worden. Der gut erhaltenen Bienenburg mit einem lebendigen Restbestand hauchte Mama, die nach dem Krieg auch an dieser Überlebensfront die Initiative ergriff, neues Leben ein. Es sind wohl in Schlesien bis dahin doch noch nicht alle Bienen-völker umgekommen. Auf jeden Fall kam wieder kribbeliges Leben in den bunten Schuppen.

Ob sich Mama - mit Blick auf die immer hungrigen

Mäuler von uns zwei Kindern - an eine Passage des Bauernliedes „Das schlesische Himmelreich" erinnerte? Es heißt dort bekanntlich unter anderem:

Honigschnieta, doss se klecka,
doß ma mecht de Finger lecka.

Immerhin schwirrten bald wieder zahlreich die fleißigen Bienchen glücksbringend durch Hänschens Lebensraum. Ja, die Honigschnitte wurde für die zwei Kinder im reparierten Elternhaus Realität, zumindest, nachdem es wieder Brot gab. Die diesbezüglichen Mangelerscheinungen lagen anfangs - wie der Kampf um die Äcker in den benachbarten Minenfeldern - nicht nur daran, dass ausgerechnet die stolze Dorfbäckerei Papesch im Ortsteil Aue total zerstört worden war, so dass dieser legendäre Hussinetzer Bäcker gleich nach dem Krieg Schlesien verlassen musste. So galt eher der folgende Auszug aus dem schlesischen Gedicht von Albrecht Baehr:

Was nuetzt a Brota schien und gruss,
wenn ma Kartuffeln frassa muss.

Das sprichwörtliche schlesische Himmelreich war also vorerst passee, und *„nischt"* von wegen:

Frassa warn ber wie die Firschta.

Bienen machen natürlich auch Arbeit. Man konnte das Hänschen inmitten der charakteristischen blauen Dunstwolken beobachten, die nun einmal notwendig waren, wenn man sich den Tierchen handgreiflich nähern musste oder gar den Honig mopste. Von Hand Honig strotzende Waben schleudern, das war jetzt auch für den Buben angesagt.

Selbst das Liebesleben dieser Spezies brachte Unruhe in Hänschens Nachkriegsparadies. Wenn die Bienen im Liebestaumel schwärmten, stürzte man mit einem Eimer Wasser und einer Handpumpe hinterher. Regen veranlasst bekanntlich die Bienenkönigin zum Landen. Einmal hing einer der schwarzen Klumpen von, sagen wir, 10.000 Bienen in ziemlicher Höhe an einem Obstbaum in des Nachbarn Garten. Da konnte man Hänschen mit einem Gänseflügel in der Hand eine lange Leiter hoch schleichen sehen, um das Ding da oben vom Ast abzustreifen, worauf es in der Tiefe in eine untergestellte Kiste zu fallen hatte. Die Aktion war wirklich unheimlich, weil man meinte, dass die herum fliegenden, vermeintlich 100.000 Bienen stechen könnten. Das taten die aber nicht, denn Liebe macht blind.

Und wie die bei anderen Gelegenheiten zuschlagen konnten! Allerdings geschah dies immer dann, wenn man unbewusst ein Tierchen in die Enge trieb. So widerfuhr es dem neugierigen Hänschen in Höhe der Einfluglöcher am Bienenstock wiederholt, weil die Enge oft im Reflex urplötzlich ausgerechnet im Bereich seiner eigenen Augenhöhlen eintrat. Dann schwoll das betroffene Auge vollständig zu, so dass die reichlichen Tränen in das andere Auge umgeleitet werden mussten, und das Ganze glich hernach schon eher einem Auszug aus dem Paradies. Da half nicht einmal das Wissen, wonach die Biene nach dem Stich sterben muss. Hänschen hat daher nachweislich auch einige dieser kleinen Kreaturen auf dem Gewissen.

Sicher lag es eher an den sozial-politischen Turbulenzen, die dann zunehmend das Leben von

Hänschen und den Seinen bestimmten. Mama arbeitete in einem landwirtschaftlichen Dominium jenseits der Kreisstadt Strehlen bei Feldarbeiten und kam daher erst im Dunkeln nach Hause. Später war sie im städtischen Straßenbau bei Pflasterarbeiten beschäftigt. Zuletzt sah man sie im Gaswerk der Stadt beziehungsweise bei der Straßenreinigung mit harter Arbeit und wiederum Abwesenheit bis zum späteren Abend den Unterhalt für die Familie besorgen. So ist die anstrengende Imkerei eines Tages aufgegeben worden. Der Bienenschuppen verwaiste, und neue animalische Episoden traten für Hänschen in den Vordergrund. Manche liefen allerdings - wie bereits berichtet - auch von Anfang an und zeitlich parallel ab. Doch woher kam zum Beispiel der Gänseflügel?

Die Hausgans

musste

Federn lassen

Tja, diese jährliche Hausgans, das Tier mit den verständnisvollsten Vogelaugen! Wenn die wüssten, was ihnen so kurz vor Weihnachten blüht.

Doch bis dahin: Glückliche Gänse!

Es war in den Jahren ab 1947, da kreischte je eines dieser possierlichen Wesen auf dem Hof des Steinarbeiter-Hauses zu Hussinetz-Gesiniec, und Hänschen hatte seine Freude daran, denn es spazierte der Weihnachtsbraten über den Hof! Die Gans lieferte Fleisch, Fett, Federn und ... eben jene Flügel (zum Bienen fangen). Und sie war der auffälligste Schwarm auf Hänschens Anwesen. Wenn ihr danach war, dann kreischte sie wirklich entsetzlich, wie gesagt, oder sie griff gar auch mal Menschen an. Sie konnte zudem ganz reizend gurren und eben vor allem gucken. Am besten gefiel jedoch der lange schlanke Hals, vor allem wenn man daran allseits mit den Fingern einer ganzen Hand entlang fuhr, was sie aber nicht so gern hatte.

Manchmal übersah Hänschen wohl beim Überschwang dessen eigentliche Funktion, nämlich dass die Gans damit Luft holte. Das bekam der Junge spätestens bei der vorweihnachtlichen Mast - dem sogenannten „*Stopfen*" - hautnah mit. Das Federvieh sollte viel Fett liefern, also wurde in der Spätphase seines jeweiligen Lebens gehörig nachgeholfen. Mama bereitete dazu mit geheimem Rezept die länglich-eierartigen glitschigen

Teile vor, die die Gans gerade so schlucken konnte (musste), wenn man mit dem Daumen kräftig
nachhalf. Dazu bedurfte es einer speziellen Stellung, damit sie nicht türmen konnte. Man saß auf
einem Schemel mit dem rückwärtigen Tier zwischen den Beinen, so dass Kopf und Hals nach
vorn über die (kindlichen) Knie heraus schauten.
Daneben stand der Teller mit der „Munition", sagen wir 25 Stück. Nun wurde beiderseits am
Schnabel gedrückt, so dass sich Öffnen ansagte,
und flupps, der Happen steckte im Hals. Es half
kein Zungenschlag von innen. Besser war sogar,
wenn die Zunge gestreckt blieb, sonst geriet sie
sofort in die Klemme, denn nun wurde mit der linken Hand der Gänsekopf gehalten und mit dem
Finger der rechten Hand nachgeschoben.

Je nach Gegenwehr vergingen überaus bange
Seeeekunden ... für die Gans, während denen

ihre Luftzufuhr im Wesentlichen unterbrochen war. Die kurze Engstelle im Kopfbereich wurde also mit zentraler Schubkraft überwunden, doch nun folgte die eigentliche Lang- bzw. Durststrecke, der schier endlose Gänsehals.

Tierschützer sollten jetzt die Augen schließen. Die Gans tat das auch, und zwar im Wechsel mit durchaus beunruhigenden Luftgeräuschen. Sie entstanden vermutlich durch den Überdruck auf der Körperseite, während man nun mit Daumen und Zeigefinger der rechten Hand bei festem Griff und starken Seitenkräften außen lang den inneren Pfropfen vom Kopf her nach unten schob. Die unterhalb verdichtete Luft fand offenbar doch noch gelegentlich den Weg nach draußen, so dass sie dann über die tierischen Stimmbänder strich, um schließlich typisch gänseartig zu entweichen. Es ist genau so gewesen wie das Sing-Sang-

Geräusch von fliegenden Schwänen.

Bei der Hausgans klang da aber noch etwas Miss-
tönendes in Hänschens Ohren nach. Es hörte sich
nämlich eher wie Ersticken an. Die ganze Zeit,
seitdem der Klos in den Schnabel gesteckt wurde,
hat die arme Gans nämlich keine Frischluft in die
Lunge bekommen! Und das Prozedere wiederhol-
te sich dann noch 24mal in ziemlich schneller Fol-
ge, denn welcher kleine Junge hat schon Lust,
stundenlang eine Gans zu füttern. Auch hätte die
Gans bei Nachfrage mit Sicherheit gesagt, bringen wir es rasch hinter uns.

Jetzt, im Nachhinein kann man begreifen, weshalb
die Aufgabe oft bei Hänschen landete. Dieser Job
wollte nämlich erst einmal seelisch durchgestan-
den werden! Wer aber ist schon gnadenloser als
ein gut motivierter, stets hungriger kleiner Junge?

Und was ist schon eine einzige tote Gans pro Jahr?

Die Erinnerung springt plötzlich weit zurück in Hänschens Frühzeit, also zu Kriegsbeginn oder, sagen wir, ziemlich kurz nach dessen Geburt. Die Welt in Hussinetz schien in völliger harmonischer

Ordnung. Zarte Gänsefedern flogen, junge Mädchen kicherten, Frauen lachten, dann sangen alle gemeinsam die schlesischen (vor allem auch immer noch die alten böhmischen) Lieder: Die kleinen Gerne-Pimpfe, zu denen Kleinst-Hänschen gehörte, krochen derweilen unter langen Tischen und durften ungestraft zwischen schönen weiblichen Beinen und ebensolchen bunten Röcken herum rutschen. Man konnte die zarten Körperteile auch ungestraft berühren und riskierte schlimmstenfalls nur ein Aufkreischen der Inhaberin. Hat Hänschen sogar schon gezwickt?

Au, war das jedenfalls pures Vergnügen und ausgelassene Sorglosigkeit unter diesen Tischen! Die gute weibliche Stimmung widerspiegelte schließlich den damaligen Gemütszustand des ganzen deutschen Volkes: Die Fronten entfernten sich ja in allen Richtungen.

Vielleicht lag aber die noch ungestörte Stimmung auch daran, dass die Nachrichten vom Heldentod immer längere Postwege zu überwinden hatten.

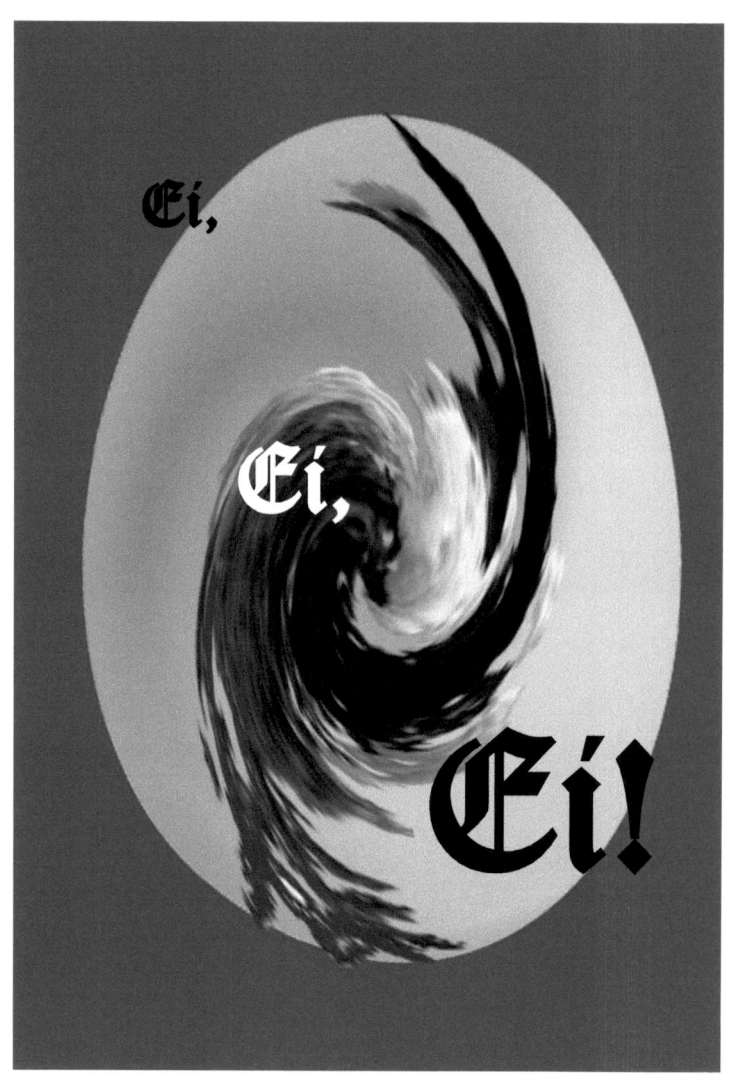

Ei,

Ei,

Ei!

könnte jemand auf den irrigen Gedanken kommen, Hänschen hätte nichts mit Hühnern zu tun gehabt oder gar, es habe im Dorf keine Hühner gegeben. Dem widerspricht ja die bereits geäußerte Tatsache vom genüsslichen Verzehr von *„Liwanzen“*, die zwar notfalls mit wenig, aber doch <u>nur</u> mit Eiern zu machen waren. Vor Hänschens Zeiten gab es zu Hause tatsächlich auch einen Hühnerhof. Ihretwegen musste ja einst sogar der Gemüsevorgarten mit einem Staketenzaun abgetrennt werden, weil das scharrende Federvieh bekanntlich aus jedem Grundstück eine Wüstung macht. Auch

hatte sich die Geschichte von Hänschens Bruder Siegfried herum gesprochen, der sich als Kleinkind einst im Hühnerstall verkroch, so dass die Suche nach ihm lange Zeit erfolglos bleib. Das entsprechende Nebengebäude wurde im Krieg leider völlig zerstört, so dass Hühner vorerst ausbleiben mussten.

Selbstverständlich, es gab sie mal wieder, allerdings erst nachdem sie in der Nachkriegszeit im Ort erneut angesiedelt worden sind, denn Soldaten entwickelten ja zu allen Zeiten auch eine besondere Vorliebe zum Hühnerfleisch-Braten. Als die Front vor der Schwelle des SteinarbeiterHauses das Dorf teilte, gerieten also auch Hussinetzer Eierleger unter Kriegsrecht und daher hier in russische und dort, auf der anderen Seite des Minenfeldes, in deutsche Pfannen. Es war somit auch kein Wunder, dass auch das Hussinetzer

Federvieh im Mai 1945 praktisch eliminiert war.

Von diesem Verlust hat sich die örtliche Kleintier-
züchtung, wie gesagt, irgendwann erholt. Und es
kündete das markante Schmerz (?)-Gegacker
nach jeder Ei-Geburt wieder aufs Neue vom eigentlichen Charakter der Dorfschaft, und die Häh-
ne bestimmten die morgendliche Stimmung sowie
die Rangfolge auf dem Hof. Eier und Hühner-
fleisch gelangten allerdings jetzt hauptsächlich in
polnische Pfannen.

So verlor Hänschen schließlich gänzlich den
Glauben an die bis dahin ortsüblich-bäuerliche,
deutsche Wettervorhersage: „*Wenn der Hahn
kräht auf dem Mist, dann ...*". Das Kind konnte ja
nicht ahnen, dass Wetterfrösche ganz allgemein
Glücksspieler sind.

Leider wurde zudem in Gesiniec bald durch Tat-sachen bekannt, dass sich einige der hier ansäs-sig gewordenen polnischen Überlebenskünstler auf das „*Zappzarapp*" von Hühnern spezialisier-ten. Dem sollte zu Hause keinesfalls Vorschub geleistet werden. (Man erinnerte sich an die un-glücklichen Kaninchen.) Daher kamen eigene Hühner auf Hänschens Nachkriegs-Gelände nicht mehr vor, doch dafür fremde.

In den benachbarten Bauernwirtschaften waren die zutraulichen Zweibeiner mit als Erste aller Haustiere wieder zu Hause. Und sie folgten selbstverständlich als einzige noch wirklich freie Dorfgenossen dem grenzenlosen unterirdischen Zug der Würmer.

Es kam aber auch zum Kontakt von Hänschen mit … polnischen Freunden. Und was machten die mit diesem Federvieh? Irgendwer hatte ihnen nämlich beigebracht, wie man Hühner mundtot macht. Man fing sie mehr oder weniger unauffällig - verfolgte Hühner können ja so schrecklich laut sein - und legte sie auf den Rücken. In dieser Stellung geben die doch wahrhaftig sämtlichen Widerstand auf und verfallen in bodenlose Apathie. Es könnte freilich sein, dass die eine oder andere (wie damals der Fisch im Glas) einfach vergessen worden ist. Und wenn sie nicht gestorben sind, dann liegen die noch heute dort, wo Hänschen sie einst abgelegt hat, im Gras, auf dem Rücken.

... einfach vergessen worden ist.

Da war plötzlich der Traum zu Ende!

Hänschen wachte erneut auf und spürte die Näs-
se in seinen Augen. Es hatte sogar im Traum ge-
weint.

Die Schäfchenherde am Himmel ist von dunklen
Wolken verdrängt worden.

Eine neue, ungewisse Zeit schien angebrochen.
Nun weinte Hänschen ein allerletztes Mal gar
wirklich und bitterlich.

Epilog

𝕾𝖔 𝖌𝖊𝖘𝖙ö𝖗𝖙 stellt sich also das Verhältnis von

Hänschen zu den kleinen Tieren dar.

Da kann man nichts machen. Manche nennen so etwas erlebte Geschichte. Die Peinlichkeiten sind jedenfalls inzwischen unverrückbarer Teil einer tierischen Historie des schlesischen Dorfes, das erst zu Ehren von Jan Hus - des böhmischen Reformators - Husynec hieß, woraus zu deutsch Hussinetz geworden ist. Dann gab man ihm für ein paar Jahre vor dem Zweiten Weltkrieg den urdeusch klingenden Namen Friedrichstein, womit an die hiesigen Steinbrüche und an Friedrich den Großen erinnert werden sollte, der einst das Dorf gegründet hatte. In diese deutsche Endzeit von Schlesien wurde das Hänschen geboren. Heute steht die polnische Bezeichnung Gesiniec zu Buche, was ja - wie gesagt - so viel wie Gänsedorf heißt.

Also bitte, da stehen doch nun tatsächlich die kleinen Tiere sogar im örtlichen geografischen Register!!!